編著者
今井 悦子
柳沢 幸江

著者
大石 恭子
大田原美保
笠松 千夏
児玉ひろみ
西念 幸江
柴田 圭子
谷澤 容子
豊満美峰子
山口 智子
米澤 加代
米田 千恵

新編
調理科学実験

アイ・ケイ コーポレーション

はしがき

「日常茶飯事」という言葉がある。「毎日の食事はいつものことで，特別取り上げる必要もないという意味」だが，ほんとうにそうであろうか。どうでもよいと見過ごしていることが実は最も重大なことなのである。食べるということは，人が成長し生命や健康を維持・増進するために欠くことのできないものである。そして食べるためには，必ず食品(食材料)を「調理」して，食べ物(料理品)にしなければならない。

米が，香ばしく，甘く，軟らかくモチモチしたご飯になる，じゃがいもがほくほくした粉ふきいもになる，すね肉が煮込むことで箸でちぎれ，とろりと軟らかくなるなど，想像しただけで笑顔になる。なぜ食品がこんなおいしそうな食べ物になるのだろうか。食べ物は原材料である食品中の各種成分が調理によって様々な理化学的変化を起こした結果の産物だからである。

調理を化学的に，物理学的に，組織学的に，食文化論的に，そして官能評価論的に科学する学問が調理科学である。調理科学実験は，その調理の科学を実験によって確かめる，推理する，あるいは論証するものである。学生実験では，深く論証するところまでいかないことが多いが，できる範囲で事象を確かめ，調理科学の教科書や，できれば学術論文などを参考にして調理の科学を推論する。実際に実験書に従って実験してみればわかるように，実験条件を変えることによって異なる結果が得られる。そこから，調理中にどのような理化学的変化が起きているのかを推察することができる。

本書は調理の科学を学ぶための実験書として，以下のような構成とした。
- 調理科学実験の基礎
- 植物性・動物性・成分抽出食品を対象とした実験
- 調理操作と加熱機器に視点を当てた実験
- 食品の機能性と調理，および食べやすさを考慮した調理と介護食に関する実験
- 感覚に視点を当てた実験，および官能評価分析

カリキュラム的に，調理科学実験に当てられる時間は少ないことが推察される。したがって，例えば最も近隣関係にある調理学実習と関連させて実験を選ぶのも一つの方法であり，より理解が深まると考えられる。また，一つの実験の一部をとり出し，他の実験と組み合わせるなど，いろいろ工夫して利用していただきたい。

なべの中で，あるいは電子レンジの中で様々な，まだ明らかになっていない理化学的変化が起こっているかもしれないと考えると，興味をひかれませんか？

人が食べるために重ねてきた経験や知恵は，昔からの習慣とみられがちであるが，ほんとうは科学的要素が積み上げられて今に至っているのである。この実験書を座右に「調理は科学なんだなあー」ということを実感してほしいと願っている。

2023年1月

著者を代表して　今井悦子

調理科学実験をはじめるにあたって

1. 実験の進め方

　実験に際しては，まず教員の説明をよく聞き，わからないことは質問して，次のように進めてほしい。

① テキストをよく読み，実験の目的・方法を理解し，その段階でまず結果を推論する。理想的には予習してくるとよい。よく理解して実験するとよい結果につながる。

② 班内で実験の段取りを確認し合う。一般調理器具，温度計，秤，ストップウオッチなど，教科書に記載してない器具についても注意深く準備する。

③ 実験中，十分な注意力をもって，試料の様子・変化・結果などを観察し，具体的な言葉でノート（教科書以外に準備する）に詳細に記録する。数値で表せるものは数値を記録する。

④ 片付けをする。試薬などは教員の指示に従って処理する。実験器具の扱いは基礎実験等で既に学んでいると思う。食材は，SDGsと同時に衛生面などを考慮し，捨てるものは最低限にする。

2. レポートの書き方

　実験終了後，レポートを作成することにより実験が完了し，その内容が自分のものとなる。「である調」で書くこと。

(1) 表紙。表紙としないで，以下に続けて本文を書いていってもよい。
　　・実験テーマ
　　・実験年月日（曜日），天気，室温，湿度
　　・氏名，班メンバーの氏名

(2) 本　文

　1. 目　的　何を明らかにするための実験か，明確に書く。

　2. 実験方法
　　　材　料 材料名（産地，入手先など）
　　　試　薬 試薬名（純度，製造会社など）　なければ書かない。
　　　器　具 器具
　　　測定機器 測定機器（型，製造会社など）
　　　方　法 試料の調製方法，測定の仕方などすべての操作を，順番に具体的に正確に書く。

　3. 結　果　まず，測定値，官能評価，観察などの結果は，どのように表すことが最適か熟慮し，表，あるいは図，写真などで客観的に正確に表す。図の場合は，棒グラフがいいのか折れ線グラフがいいのかもよく考える。
　　　続いて，その図表などを用いて，結果を文章で説明する。

4. **考　察**　結果について，それはどういうことか，何を意味するのか，その結果になった理由，科学的根拠は何と考えられるのかなどについて，調理科学の教科書，参考書，学術論文などを参照しながらまとめる。

　　レポート作成において，この考察をすることが最も重要な過程である。一つの実験で，考察は1〜2ページ書くとよい。考察をすることで初めて理解が深まり，実験の目的が達成される。また，直接実験で行った狭い範囲の事柄だけでなく，関連した部分まで広げて勉強しておくと，その分野の理解がより深まる。

　　なお，教科書などの丸写しは許されない。自分の中で消化して，自分の言葉で書くこと。もし，ある文章をそのまま利用したい場合は，例えば「・・・」や『・・・』と表記するなどして，その部分が引用であることを明確にする。そして必ず引用文献を明記する。

5. **参考文献**　参考または引用した教科書，参考書，論文などを，番号をつけて羅列する。書く内容とその順番は，分野によってやや異なるが，ほぼ以下の通りである。

- 著者名(複数名のときは，編著だけでもよい)：「書籍名」，参照ページ，出版社，(最新の刊行年)
- 著者名：「論文名」，雑誌名，巻，開始ページ−終了ページ，(刊行年)

〔例〕

①今井悦子・柳沢幸江編著：「調理科学実験　改訂新版」，p.10〜16，アイ・ケイコーポレーション(2016)

②北川淑子：「ヤマイモのシュウ酸カルシウムの針状結晶について」，家政学雑誌25，p.27-30 (1974)

　　近年，Web から引用してくるものがみられる。教科書等に書いてある内容を安易にWeb から引用しないこと。引用が必要・重要と考えるときは以下のように書く。

＊著者名(出版年または更新年が画面に表示されていれば書く)：「Web サイトの題名」，閲覧先 URL，(閲覧年月日)

3. 繰り返しデータの扱い方，統計処理

　　測定値は，基本的には繰り返しを行って求めるものである。そして一般的に平均値 ± 標準偏差で表し，繰り返し数 n を明記する。しかし，この実験書では各班で繰り返しデータを示せるものは少ない。そこで各班のデータを集めてクラス全体として繰り返しデータとしてもよい。異なるクラス間・年度間での比較もできる。

　　比較をする場合に用いるのが統計処理である。一般的に，2群間(2クラス，2年間など)の比較は t 検定，複数群間(複数クラス，複数年度など)の場合は，分散分析や多重比較法を用いる。t 検定も多重比較も，手法は一つではないので，何法を用いるかはよく検討する。エクセルでもできるし，各大学で使っている統計ソフトを用いて行ってもよい。

目　次

A　調理科学実験の基礎

測定の基礎　　　〈柳沢幸江〉

B　植物性食品に関する実験

米と米粉　　　〈大田原美保〉

小麦粉　　　〈今井悦子〉

C　動物性食品に関する実験

D 成分抽出素材に関する実験

E 調理操作と加熱機器に関する実験

H　感覚に視点を当てた実験

Ⅰ 官能評価分析

〈笠松千夏〉

A 調理科学実験の基礎

この章では，食品の基本的状態把握として，長さ・重さ・体積・密度・温度・pHを取り上げ，その評価方法を理解する。加えて調理過程でこれらの状況評価ができるようになることを目的とする。

測定の基礎

実験1 長さの測定

⑤目 的

ノギスを用いた長さの測定方法を学び，自分の目測の精度を確認する。

⑤実験方法

材 料　きゅうり1本

器 具　ものさし，ノギス

方 法　1．きゅうりは，縦に半分に切る。

2．目測で，2mmと5mmの薄切りを2枚ずつ切り取り，1枚ごとノギスで最も厚い所と最も薄い所の2点を測定し4点を平均する。測定後，もう一度同様に目測で2mmと5mmの薄切りを2枚ずつ切り，先と同様に測定して目測の変化をみる。

3．きゅうりを目測で3cmと5cmに切る。1個ずつものさしで最も長い所と最も短い所の2点の長さを測定し2点を平均する。もう一度目測で3cmと5cmに切り同様に測定する。

⑤実験結果

長さの目測と精度

	目測1回目の実測値	平均値	目測2回目の実測値	平均値
2mm				
5mm				
3cm				
5cm				

⑤考 察

① 自分の長さの目測の精度，また2回目の上達を確認する。

② 薄切りの最短部と最長部を測定して，自分の輪切りの厚みの安定性を評価する。

実験2　重さ・廃棄量の測定

☞目　的

　　目測，手ばかり，重量測定によって，食品重量の概量把握と自分の目測の精度を確認する。さらに可食部ではない皮などの廃棄量を測定し，廃棄率の求め方を理解する。

☞実験方法

　　材料　じゃがいも1個，なす1個，ほうれんそう1株

　　測定機器　電子天秤

　　方法　1．じゃがいも，なす，ほうれんそうは目で見て，重量を目測する。

　　2．それぞれの材料を手で持ち，重量を推測する（以下，手ばかりと称する）。

　　3．電子天秤でそれぞれ重量を測定し，実測重量と目測および手ばかり重量の差（誤差率）を求める。

$$誤差率（\%）=\frac{目測重量（または手ばかり重量）（g）-実測重量（g）}{実測重量（g）}\times100$$

　　4．じゃがいもは皮をむく。なすはへたを，ほうれんそうは硬い株元を切り取り，それぞれ廃棄する部分（廃棄量）を電子天秤で測定し，廃棄率を計算する。

$$廃棄率（\%）=\frac{廃棄量（g）}{全重量（g）}\times100$$

☞実験結果

重量の目測と廃棄量

試　料	目測重量(g)	手ばかり重量(g)	実測重量(g)	目測誤差率(%)	手ばかり誤差率(%)	廃棄量(g)	廃棄率(%)
じゃがいも							
な　す							
ほうれんそう							

☞考　察

①　自分の目測重量と手ばかり重量の誤差率から，自分の重量感覚量の精度を確認する。

②　3種の異なる試料から，目測誤差率，手ばかり誤差率の特徴を考察する。

③　食品成分表に示されている廃棄率と比較する。

☞発　展

1．成分表を参考に，その他の野菜類（ピーマンやにんじんなど）の廃棄率を確認する。

2．廃棄率から，食材の発注量の計算方法を確認する。

実験3 体積の測定

目　的

食品の体積の測定方法を理解する。水に沈み，水を吸収しない材料は水を用い，水に浮く材料や，水を吸収してしまう材料は菜種法を用いて体積を測定する。

実験方法

[材　料]　じゃがいも（メークイン）小1個，なす1個，ロールパン1個

[器　具]　200・500 mL メスシリンダー各1個，ろうと台，ろうと，菜種，または，あわの実，測定容器，バット，すり切り用の30 cm 定規

[測定機器]　電子天秤

[方　法]　1．じゃがいもは洗い，表面の水分を十分にふきとる。メスシリンダーに入る大きさであることを確認し，重量を計測する。

2．メスシリンダーに一定量の水を入れ，目盛りを読みとる。入れる水の量は，メスシリンダーに測定する材料を入れたとき，材料が完全に水に沈み，そのときの水量が最大目盛りを越えないこと。

3．メスシリンダーにじゃがいもを入れ，水面の目盛りを読みとり，増加した水分量からじゃがいも体積を測定する。

4．なすとロールパンは重量を測定した後，それぞれ菜種法によって体積を測定する。

実験結果

実験4に進み，さらに密度を比較する。

〈菜種法〉

水を吸収したり，水に浮く試料の体積を計測するときに使用する。比較的に粒度が均質な，菜種やあわの実を用いる。

1．試料がゆったりと入る大きさの測定容器（ボウルなど），およびその容器を置くバットを準備する。ろうと台にろうとをセットする。

2．測定容器に一定の高さのろうとから一定の速度で菜種を山盛りに落とし，定規で菜種をすり切る。バットに出た菜種は片づける（測定容器内の菜種量の把握）。

3．測定容器の菜種の3/4程度を別の容器に取り出してから，試料を入れる。

4．別の容器に取り出した菜種を2.と同じ高さ，速度で，試料の入った3.の測定容器に山盛りに落とす。

5．定規ですり切り，バットにあふれ出た菜種をメスシリンダーに移し，体積を読みとる。それを試料の体積（cm³）とみなす。

　　注〕体積の単位として，食品の場合 cm³ および mL が使われる。mL は主に液体の容積（体積）を示すときに多く用いる。

実験4 食品の密度と溶液の比重の測定

⊙目　的

実験3によって測定した，重量と体積の値から密度を求め比較する。また，比重計(ピクノメーター)を用いて液体の比重測定を理解する。

⊙実験方法

[材料]　10%ショ糖溶液50～80g，10%食塩溶液50～80g共に室温(室温計測)にする。

[器具]　25または50mLピクノメーター(ワード型)

[測定機器]　電子天秤

[方法]　1．乾燥した空のピクノメーターの重量を測定した後，ピクノメーターに室温の蒸留水を口先まで入れ，満たした状態の重量を測定し，蒸留水の重量を算出する。

2．試料溶液で共液洗いをした後，2種の溶液をそれぞれ蒸留水と同様に口先まで満たし，重量を測定し，試料溶液の重量を算出する。以下の式で室温下での比重を計算する。

$$比重 = \frac{試料溶液の重量(g)}{水の重量(g)} \div 測定温度の蒸留水の比重$$

3．実験3で測定した，食品の重量と体積から密度を計算し比較する。

$$密度(g/cm^3) = \frac{重量(g)}{体積(cm^3)}$$

⊙実験結果

比重の測定　　　　　　　　　測定温度(　　℃)

ピクノメーター	重量(g)		蒸留水	重量(g)	
10%ショ糖溶液	重量(g)		10%食塩溶液	重量(g)	
	比重			比重	

密度を求める

	重量(g)	体積(cm³)	密度(g/cm³)
じゃがいも			
な　す			
ロールパン			

⊙考　察

① 同濃度のショ糖溶液と食塩溶液の比重を比較する。

② 各食品の密度を比較し，水に浮く・浮かないなどの特性と密度の関係を考える。

各温度における水の比重

温度℃	比重(4℃を1とする)
10	0.9997
15	0.9991
20	0.9982
25	0.9971
30	0.9957

実験5　計量スプーン・計量カップによる測定

⑤目　的

　　調理時の計量に用いられる，計量スプーン，計量カップを用いて，容積当たりの調味料，食品重量，および再現性の高い測定方法を理解する。

⑤実験方法

[材　料]　砂糖20g，しょうゆ40g，米250g，小麦粉150g

[器　具]　大さじ計量スプーン，200mL容量計量カップ，180mL容量1合カップ，すりきり用へら，小皿，ボウル

[測定機器]　電子天秤

[方　法]　1．砂糖・しょうゆはそれぞれ大さじ1杯分を計り，小皿に入れ電子天秤で重量を測定する。砂糖はすり切り用へらを用いる。しょうゆは内径で表面張力までを1杯とする。毎回計量スプーンを洗い，水気を除いた後，各2回繰り返し平均値を求める。

2．電子天秤の上に小皿などで大さじ計量スプーンを固定し，しょうゆ大さじ1/2量（9.0g）を入れたときの外観を確認する。

3．2.を参考にして，しょうゆ大さじ1/2量を小皿に入れ重量を測定する。これを2回繰り返す。

4．ボウルに米を入れ，米を1合カップで1すくいとる。過剰分をすり切り用へらですり切った後，重量を測定する。米の測定は米をすくい入れた場合と，カップの底を軽くたたきながら米を入れた場合の2つの方法で行う。各2回繰り返し，平均値を求める。

5．小麦粉も米と同様にあらかじめボウルに入れ，すり切り用へらですり切った後，計量カップ1杯分を計りとり，重量を測定する。

⑤実験結果

食品の重量測定結果

材　料		1回目重量(g)	2回目重量(g)	重量平均値(g)	標準重量(g)
砂糖	大さじ1				
しょうゆ	大さじ1				
しょうゆ	大さじ1/2				
米	1合カップ1				
米	つめて1合カップ1				
小麦粉	計量カップ1				

⑤考　察

① 測定した各計量器の食材の重量平均値と標準重量を比較する。

② 液体の1/2量の測定を正確に行えるように，目測の目安を検討する。

③ 粒や粉体の食品の容器への入れ方による重量の差を比較する。

実験6　温度の測定

ᛌ目　的
　加熱調理過程で，食品の温度は常に変化する。ここでは様々な温度計の特性を理解する。

ᛌ実験方法
　＜温度計比較＞

　[材　料]　油 800 mL

　[器　具]　厚手の小なべ（直径 15 cm），スタンド・クランプ

　[測定機器]　アルコール温度計，熱電対温度計，サーミスター温度計，放射温度計（非接触）

　[方　法]　1．小なべに油を 4〜5 cm 程度の深さになるように入れ，放射温度計以外の 3 つ
　　　　の温度計の感熱部が，なべ表面（底面と側面）からの距離がほぼ同じ位置になるように
　　　　設置する。

　　　　　放射温度計は表面温度を測定する。油を加熱し，ときどき箸で油をかき混ぜながら，
　　　　昇温経過を熱電対温度計の測定温度を基準にし，20 ℃ ごとに各温度計の提示温度を
　　　　記録し比較する。

ᛌ実験結果

各種温度計の昇温経過

熱電対温度計	60℃	80℃	100℃	120℃	140℃	160℃	180℃
アルコール温度計							
サーミスター温度計							
放射温度計							

ᛌ発　展
〔発展的実験〕

　＜加熱による温度上昇＞

　1．だいこんをそれぞれ 3 切れずつ，2 cm 角，および 4 cm 角に切る。そのうち一つに
　　　熱電対温度計を中央の深さにさし込む。

　2．だいこんがかぶるくらいの水を入れたなべに，だいこんを入れ，スタンド・クラン
　　　プを用いてだいこんにさした熱電対温度計と水温測定用の温度計を固定する。切り目
　　　を入れた紙ぶたをし，中火で 20 分間加熱し，水温と内部温度を 2 分間隔で測定する。

　3．だいこんの内部温度がそれぞれ 50，80，98℃ に達したときに，経過時間を記録し，
　　　熱電対温度計をさしていないだいこんを 1 切れずつ取り出し，放射状に切り硬さを比
　　　較する。

　4．大きさの違いが温度上昇速度，および水温との温度差に及ぼす影響を知る。また，
　　　同じ内部温度でも大きさが異なることで，テクスチャーがどう違うかを比較して考察
　　　する。

実験7　pHの測定

☞目　的
身近な食品のpHを試験紙とpHメーターとで測定し，舌で感じる味と比べる。

☞実験方法

材料　レモン汁30g，食酢30g，みりん30g，トマトジュース30g，牛乳30g，卵白20g

器具　万能pH試験紙，pH試験紙各種，20mLビーカー6個，ピンセット

測定機器　pHメーター

方法　1. それぞれの試料を20mLずつ，ビーカーに入れる。

2. 約1cm長さくらいに切った万能pH試験紙の小片をピンセットではさみ，試料につけ，すぐに引き上げ標準変色表と比較し，それぞれの溶液のpHを読みとる。

3. その付近に適した，pH試験紙を用いて2.と同様に行い，pHを読みとる。

4. それぞれの試料をpHメーターを用いて測定し，3.で得られた値と比較する。

5. 卵白以外の試料の味を確認し，pHメーターの値と酸味の程度を確認する。

☞実験結果

各試料のpHと酸味

材　料	万能pH試験紙 (pH)	各種pH試験紙 (pH)	pHメーター (pH)	食べたときの 酸味の程度
レモン汁				
食　酢				
みりん				
トマトジュース				
牛　乳				
卵　白				

☞考　察
食品のpHを確認し，味との関連性を考える。レモン汁のpHと食酢のpHを比べ，酸味の程度を比較する。

☞発　展
1. 緑茶・紅茶・コーヒーなどの飲料のpHも確認する。

2. 試験紙を用いて，自分の唾液のpHを測定する。

各種pH試験紙の測定範囲

試験紙種類	測定範囲		試験紙種類	測定範囲
CR	0.4〜2.0	(7.2〜8.8)	BCG	4.0〜5.6
TB	1.4〜3.0	(8.0〜9.6)	MR	5.4〜7.4
BPB	2.8〜4.4		BTB	6.2〜7.8

実験8　食塩・糖の測定と塩のひとつまみ量

◎目　的

　　食塩濃度計や糖度計を用いることで，食品や料理の食塩濃度や，糖度を把握することができる。その使用方法を学ぶと共に，塩ひとつまみ量の確認をする。

◎実験方法

＜食塩濃度・糖度の測定＞

|材　料| 和風だしの素1.0g, みそ10g, 濃縮還元100%オレンジジュース5g, オレンジ1/4個

|測定機器| 塩分濃度計，手持屈折糖度計

|方　法| 1．和風だしの素1.0gに蒸留水を入れ150gにし，よく溶かす。

　　　 2．みそ10gに蒸留水を入れて150gにし，よく溶かす。

　　　 3．塩分濃度計を用いて，だしの素液とみそ液の塩分濃度を測定する。

　　　 4．オレンジは，くし切りにし手で軽く絞って絞り汁を取る。

　　　 5．糖度計はプリズム部分に室温の蒸留水を数滴落とし，0%に調整した後，水分をふき取り，室温のオレンジの絞り汁とオレンジジュースをそれぞれプリズムに落とし糖度を読みとる。

◎実験結果

食塩濃度と糖度

	だしの素液	みそ液	オレンジの絞り汁	オレンジジュース
食塩濃度(%)				
糖　度(Brix%)				

◎考　察

① だしの素液の食塩濃度から，市販のだしの素を用いた料理の塩味調味料の使用量を考える。

② だしの素液・みそ液の食塩濃度の測定値と，成分表示からの計算値を比較する。

③ ジュースと絞り汁の糖度を比較し，濃縮還元ジュースの製造方法を調べる。

◎発　展

〔発展的実験〕

＜塩ひとつまみ量の確認＞

1．親指と人差し指の2本指で塩をつまみ，小皿に入れる。電子天秤で重量を測定する。これを3回繰り返し，自分の平均値を求める。

2．親指と人差し指・中指の3本指で塩をつまみ，小皿に入れ重量を測定する。3回繰り返し，平均値を求める。

3．他の人と自分の平均値を比べ，塩ひとつまみ概量，および自分の量を確認する。

B 植物性食品に関する実験

この章では，植物性食品が調理中にどのような化学的，あるいは物理的変化を起こし，さらに調理された結果，どのような理化学的特性をもつ食べ物となるのか，また，おいしさとの関係について理解する。

米と米粉

実験1　米の吸水における温度および浸漬時間の影響

⅁目　的
米は種類，浸漬温度，および浸漬時間により吸水率が異なることを理解する。

⅁実験方法

| 材料 | うるち米210 g，もち米70 g，玄米(うるち米と同じ品種)70 g

| 器具 | 100 mL ビーカー7個×5組，50 mL メスシリンダー，駒込ピペット，ガラス棒，茶こし，ろ紙(大)35枚(7枚×5組)，恒温水槽(ない場合は，5℃は，あらかじめ冷蔵庫内で5±1℃に調整して浸漬中は冷蔵庫内におく。30℃は，湯せんで30±1℃に調整して，水温を一定にして行う)

| 方法 | 1．うるち米を10 gずつ正確に計って入れた100 mL ビーカーを7個用意する。

2．1個に水(20℃)50 mL を加えてガラス棒で10回撹拌し，茶こしで水をきる。ろ紙の上に米を広げ，米表面の付着水をペーパータオルでふき取り*，洗米直後の重量を測定する。

3．他の6個も2と同様の操作で洗米後に水をきり，米はビーカーに戻す。
水(20℃)50 mL を加え，10分，20分，30分，60分，90分，120分放置後に水をきり，米表面の付着水をペーパータオルでふき取り重量を測定する。

4．吸水率を求める。

$$吸水率(\%) = \frac{浸漬後の米重量(g) - 水洗前の米重量(g)}{水洗前の米重量(g)} \times 100$$

5．うるち米を用いて水温5℃，水温30℃で1．～4．と同様の操作を行う。

6．もち米を用いて水温20℃で1．～4．と同様の操作を行う。

7．玄米を用いて水温20℃で1．～4．と同様の操作を行う。

＊誤差が大きくなるため，ペーパータオルで上から軽く押さえながら水気をふき取った後，乾燥しないように直ちに重量を測定する。

↺実験結果

米の種類，浸漬温度，浸漬時間と吸水率（%）

試　料	水温（℃）	浸漬時間（分）						
		洗米直後	10	20	30	60	90	120
うるち米	5							
うるち米	20（常温）							
うるち米	30							
もち米	20（常温）							
玄米（うるち米）	20（常温）							

注〕常温の場合は，水温を測る（℃）。

↺考　察

米の種類，浸漬温度，浸漬時間が吸水率に及ぼす影響について考える。

① 3.と5.で明らかになったことは何か（季節による浸漬方法について考察する）。

② 3.と6.で明らかになったことは何か（もち米の加熱方法について考察する）。

③ 3.と7.で明らかになったことは何か（玄米の炊飯方法について考察する）。

④ 玄米と精白米の組織構造や栄養成分の違いについて調べる。

↺発　展

〔発展的実験1〕

　本実験とは異なる米（例えば，無洗米，インディカ米，発芽玄米，分搗き米など）を用いて，20℃（常温），60分および120分の吸水率実験を行う。

〔発展的実験2〕

1. うるち米40gを200mLビーカーに入れ，水150mLを加えてガラス棒で10回撹拌して洗米し，ビーカーの水をきる。洗米を3回行った後，秤上で米と水を合わせて100g（米と米重量の1.5倍の水）になるように水を加える。

2. ラップをかけて1時間（または2時間），室温に置く。……A

3. 1時間後（または2時間後），1.と同じ操作を行う。　……B

4. Bにラップをかけ，A，B共にラップに穴を8か所程度開ける。

5. 直ちに電子レンジにAとBを並べて入れ，弱（200W）で17分間加熱し，15分間蒸らす。

6. AとBを食べ比べ，浸漬の効果を考える。

注〕　無洗米を用いた場合は，洗米操作を略す。加熱時間は，水温，電子レンジの種類などによって若干異なるので，予備実験をしておくとよい。電子レンジの代わりに耐熱ガラスプレート上にビーカーを置き，ガスコンロで炊飯してもよい。その場合，ビーカーにはアルミホイルをかけて加熱し，炊飯曲線に近い加熱条件になるよう，あらかじめ火加減を検討しておく。

SDGs：吸水実験の終わった米は，吸水量から計算し，うるち米は米の1.5倍，もち米は1.0倍，その他の米は適量になるように水を加えておく。最後に米ごと，または米を合わせて炊飯し，食す。

実験2 こわ飯の性状におけるふり水の影響

ᓨ目　的

　もち米は，飯にするために必要な加水量がうるち米より少なく，浸漬中の吸水量が多いため炊きにくい。そこで，一般に蒸す方法をとっている。この場合，加熱前の吸水だけでは水分が不足するため，蒸し加熱中にふり水をして補い，好ましいこわ飯にしている。

　本実験では，ふり水の回数とこわ飯の食味の関係を理解する。また，電子レンジを用いた場合と比較する。

ᓨ実験方法

[材　料]　もち米200g，食紅溶液

[器　具]　蒸し器，電子レンジ(600W)，200mLビーカー5個，100mLメスシリンダー2本，駒込ピペット，ガラス棒，茶こし，ろ紙(大)4枚，さらしふきん(20×20cm程度)4枚，ペーパータオル4枚，ノギス

[方　法]　1．もち米を40gずつ正確に計って入れた200mLビーカーを5個用意し，A～Eとする。

2．A～Eに水100mLを入れ，ガラス棒で10回撹拌して洗米し，茶こしで受けながら水を捨てる。これを計3回行う。

3．A～Eに食紅溶液100mLを加えて120分以上室温に置く(各試料の浸漬時間は同じとする)。

4．茶こしで浸漬液を切り，ろ紙とペーパータオルで付着水をふき取った後，米の重量を測定して吸水率を求める(実験1参照)。

5．A～Dは，さらしふきんの上に平均的に広げ，ふきんの四隅をかぶせる。沸騰した蒸し器に，次ページの図のように並べて強火で50分間蒸す。

6．途中，A.ふり水なし，B.10分ごとに4回，C.20分ごとに2回，D.30分後に1回，手早くふきんを広げて50mLの食紅溶液を全体にふり，ふきんを折り返すようにして米の上下を返す。

7．Eは200mLビーカーに4のもち米と食紅溶液15mLを加え，次ページの右図のようにラップでふたをする。

8．電子レンジの庫内に入れ600Wで60秒間加熱する。ガラス棒で上下を混ぜて食紅溶液15mLをさらに加え，60秒間加熱し，10分間蒸らす。

9．A～Eのこわ飯の重量を測定し，もち米に対する重量比を求める。

10．各こわ飯から10粒ずつとり，ノギスで飯粒の長さと幅を測り平均値を求める(モチ米1に対する比で表してもよい)。

11．官能評価(順位法)により，着色の程度，つや，硬さ，粘り，総合的な好ましさを

評価する。結果はフリードマン検定により有意差検定を行う。

12. 機器測定によりこわ飯の硬さを評価する(機器がない場合は省略してもよい)。

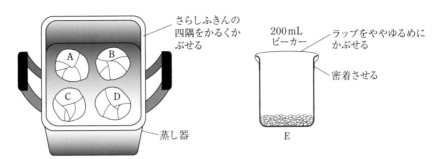

試料を蒸す

⤺実験結果

加熱方法の違いとこわ飯の性状

測定項目 ／ ふり水	A ふり水なし	B 10分ごとに4回	C 20分ごとに2回	D 30分後に1回	E 電子レンジ
もち米重量 (g)					
浸漬時間 (分)					
浸漬後の米重量 (g)					
吸水率 (%)					
蒸し上がり重量 (g)					
重量比 こわ飯/米					
こわ飯の長さ平均値 (mm)					
こわ飯の幅平均値 (mm)					
物性測定 硬さ (N/m^2)					
官能評価 色の濃い順					
官能評価 つやのある順					
官能評価 硬い順					
官能評価 粘りのある順					
総合評価 こわ飯として好ましい順					
総合評価 その他気づいたこと					

⤺考　察

① A〜Dより明らかになったことは何か(ふり水がこわ飯の重量, 外観, 食味に及ぼす影響を考察する)。

② EとA〜Dを比べて明らかになったことは何か(電子レンジ加熱のこわ飯の特徴を考察する)。

実験3　しん粉だんご生地におけるこね回数と副材料の影響

⑤目　的

　うるち米を原料とするしん粉でつくるだんごは，加熱後のこね回数や副材料がだんごの性状に影響する。本実験では，加熱後のこね回数，副材料の添加，加水時の水温がしん粉だんごの性状にどのように影響するかを理解する。

⑤実験方法

[材　料]　上しん粉182 g，白玉粉（乳鉢で粉末にする）6 g，片栗粉6 g，砂糖6 g

[器　具]　ボウル（M）6個，50 mLメスシリンダー，駒込ピペット，蒸し器，さらしふきん，糸（ミシン糸），すりこぎ

[方　法]　＜こね回数の影響＞

1. 試料A（下表）の材料をボウルに入れて菜箸で混ぜ合わせた後，ひとまとめにする。
2. 加熱前生地の重量と中心温度を測定する。
3. 厚さ1 cmにした生地を，ぬれふきんを敷いた蒸し器に入れて強火で15分間蒸し，加熱後生地の重量を測定する。
4. 3の生地を4等分し，それぞれポリエチレンフィルムでゆるく包み，シートの上から　a.そのまま，b. 50回，c. 100回，d. 150回こねる[*1]。
5. a〜dの外観（色，表面のつや），切り口の粗密状態（下図のように糸で切る），食味などを評価する。

試料の配合

試料	上しん粉 (g)	副材料（g）	湯（80℃以上）または水（常温）（mL）
A	50	—	湯　50
B	30	—	湯　30
C	30	—	水　30
D	24	砂糖　　6	湯　30
E	24	片栗粉　6	湯　30
F	24	白玉粉　6	湯　30

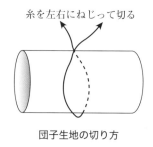

糸を左右にねじって切る

団子生地の切り方

＜加水時の水温，副材料の影響＞

1. 試料B〜F（上表）をそれぞれボールに入れて混ぜ合わせ[*2]，Aと同様にひとまとめにし，加熱前生地の重量を測定する。BとCは生地の中心温度を測定する。加熱前生地の状態（まとまり具合，硬さなど）を比較する。
2. 厚さ1 cmにした生地を，ぬれふきんを敷いた蒸し器に入れて強火で15分間蒸し，加熱後生地の重量と，中心温度（BとCのみ）を測定する。

3．加熱後生地をポリエチレンフィルムでゆるく包み，シートの上から100回こねる。

4．B～Fの外観，内面（切り口の粗密状態），食味などを評価する。

＊1　生地が熱いので軍手をしてこねるか，すりこぎでつくようにしてこねるとよい。

＊2　D，E，Fは，はじめに粉同士をよく混ぜ合わせてから湯を加える。

注〕順位法による評価〈だんご生地として好ましい順〉の結果は，フリードマン検定により有意差検定を行う。

◎実験結果

加熱後のこね回数とだんご生地の性状

生地の中心温度（　　℃），生地の重量，加熱前（　　g），加熱後（　　g）

試料		こね回数（回）	外　観	硬　さ	口ざわり	切り口の状態	だんご生地として好ましい順
A	a	0					
	b	50					
	c	100					
	d	150					

副材料添加，加水時の水温とだんご生地の性状

試料	生地の重量(g)		加水時の水温(℃)	加熱前後の生地中心温度(℃)		外　観	硬　さ	口ざわり	だんご生地として好ましい順
	加熱前	加熱後							
B				前：	後：				
C				前：	後：				
D				―					
E				―					
F				―					

◎考　察

① 試料Aのa～dの違いから明らかになったことは何か（こねることの効果を考察する）。

② 試料BとCの違いから明らかになったことは何か（水温の影響を考察する）。

③ 試料B，D，E，Fの違いから明らかになったことは何か（副材料の影響を考察する）。

◎発　展

1．米粉の種類と製法，利用法などをまとめてみよう。

2．白玉粉に熱湯を加えた生地は，どのようになるか調べてみよう。

小麦粉

実験1　小麦粉の種類とドウおよびグルテンの違い

○目　的

　小麦粉の種類により，ドウの物性，およびグルテンの採取量やその性質が異なることを理解する。

○実験方法

　　材　料　薄力粉50g，強力粉50g

　　器　具　ボウル(L)2個，ものさし，恒温器

　　方　法　**1**．2種類の小麦粉をそれぞれボウルに入れ，色，手触り，粒度などについて官能評価する。

　2．薄力粉には50％の水(25g)，強力粉には約60％(30g)[*1]を加えてまとまる程度にこねる[*2.3]。

　3．以下，両粉について，同じように操作する。直径約2cmの円筒状のドウに成形して元の長さを測る。ドウを両手で(5本指で包むように)持ってひっ張り，切れたところで全体の長さを測る。

　　下記の式により伸展性を求める。また同時に，両ドウの外観や硬さ，弾力などの触り心地などを比較する。

$$伸展性(\%) = \frac{切れたときの長さ(cm)}{元の長さ(cm)} \times 100$$

　4．丸めてさらに100回こね，3.と同様にする。

　5．丸めてボウルに入れ，ラップでふたをして30分間ねかした後，以下の2つの操作を順番に，3.と同様にする。

　　①　ねかし終了直後，こねないで行う。

　　②　①の後，50回こねてから行う。

　6．ボウルに水を入れ，その中でドウを指先でこねながらでん粉を洗い出す。白く硬い小さな塊(でん粉)がなくなり，白い水が出なくなるまでもみ洗いする。このとき，水を取り替えながらでん粉を洗い出すが，各回の水量と取り換え回数は，できるだけ少なくする[*4.5]。

　7．残ったガム状のもの(湿麩＝湿グルテン)を手でまとめ，できるだけ水分を切って，重量を測り(湿麩量＝A)，湿麩率を求める。また，両湿麩の色や硬さ，弾力などを比較する。

$$湿麩率（\%）=\frac{湿麩量（g）}{50（元の小麦粉の重量）（g）}\times 100$$

8．湿麩を約2g精秤し（B），あらかじめ重量を測っておいたアルミホイルの上に薄く広げてのせ，160℃の恒温器に入れ，1時間乾燥させる（乾麩＝乾グルテン[6]）。

9．乾麩量を測り，乾麩率を求める。また，乾麩の膨化状態や中央から切った内部の状態を観察し，両乾麩の比較をする。

$$乾麩率（\%）=乾麩量（g）\times\frac{A（g）}{B（g）}\times\frac{1}{50}\times 100$$

*1　薄力粉のドウの硬さと同じになるよう加水量を加減し，その値をメモする。
*2　各粉は正確に50gで始めること。以後，手やボールに残さないように実験を進めること。
*3　はじめは菜箸でまとめ，まとまったら手で棒状にする。
*4　でん粉は流しに流さないように，ポリバケツなどに集める。完全に沈んだらでん粉は生ごみで捨てる。放っておくと腐敗しやすいので気をつける。
*5　湿麩のかけらがでん粉と一緒に落ちることがあるので，よく見て拾うこと。
*6　乾麩量は本来，160℃で1時間乾燥した後，それを壊して105℃で1時間乾燥したものを指すが，ここでは簡略化する。

⤺実験結果

2種類の小麦粉の性状比較

性　質	薄力粉	強力粉
粉の外観・触感		
加水量	25g（　　50％）	g（　　％）
初期の伸展性と性状	（　　　　％）	（　　　　％）
100回混捏後の伸展性と性状	（　　　　％）	（　　　　％）
ねかし直後の伸展性と性状	（　　　　％）	（　　　　％）
ねかし・混捏後の伸展性と性状	（　　　　％）	（　　　　％）
湿麩量と湿麩率，性状	（　g，　　％）	（　g，　　％）
乾麩量と乾麩率，性状	（　g，　　％）	（　g，　　％）

⤺考　察

① 1.で両者が異なった理由は何か。打ち粉に適する粉はどちらか（理由も）。
② 2.の加水量が異なる理由は何か。
③ 3.と4.で，こねる（混捏）の効果・意味を考える。
④ 5.で，ねかしの効果・意味を考える。
⑤ 7.と9.から，両粉のグルテンの量や性状の違いを理解する。
⑥ なぜ，料理によって小麦粉を使い分けているのか考える。

実験2 蒸しパンに及ぼす膨化剤の影響

目 的

小麦粉製品の膨化は，①添加した膨化剤（イースト，ベーキングパウダー，重そうなど）からのガスの発生，②含まれる気泡（起泡卵，クリーミング化したバター，すりおろしたやまいもなど）の熱膨張，③水が気化するときの体積膨張などが複合的に関与して起こる。本実験では，重そうをベースとした膨化剤を用いた小麦粉製品の膨化を理解する。

実験方法

材 料 薄力粉30g×3，重そう0.3g×2，ベーキングパウダー1.2g，砂糖6g×3，食酢10g，油，蒸留水

器 具 ボウル(S)3個，粉ふるい2個，カップケーキの型（または100mLビーカー）3個，ゴムべら3個，蒸し器，蒸しふきん

方 法 　1．型またはビーカーに油を薄く塗っておく。蒸し器は沸騰させておく。

2．小麦粉と重そう，または，小麦粉とベーキングパウダーを表の割合で混ぜ，それぞれ2回ふるう。試料Bの蒸留水と食酢は混ぜ合わせておく。

3．ボウルに2．と砂糖を入れて菜箸でよく混ぜ合わせ，そこに蒸留水，または蒸留水＋食酢を下の表に従って加え，均一になるまで手早く混ぜる[*1]。

4．3．を，ゴムべらを使って1．の器に手早く入れ，直ちに蒸し器に入れ，蒸しふきんをはさんで強火で10分間蒸す[*1]。

5．蒸し器から取り出して5分間放置後，器から蒸しパンを傷つけないように丁寧に取り出す。各蒸しパンの色など外観・弾力を比較観察し，膨化体積を測定[*2]する。縦に2つに切り，断面のきめを観察する[*3]。また，におい，味，テクスチャーについて官能評価する。

試料の配合割合

試 料	小麦粉(g)	重そう(g)	B.P.(g)	砂糖(g)	蒸留水(g)	食酢(g)
A	30	0.3	—	6	24	—
B	30	0.3	—	6	14	10
C	30	—	1.2[*4]	6	24	—

＊1　3.～4.の操作はA～Cを同時に手際よく行う。混ぜ具合，混ぜ時間が同じになるように注意し，すぐに蒸し始める。
＊2　菜種法(p.4参照)を用いる。簡便法として，高さを測定して体積の大小関係を比較する。
＊3　スタンプ法，または断面をコピーするのもよい。
＊4　この量は，重そうの量としてAやBと同じになるようにする。

⑤実験結果

各試料の性状

性　状	A（重そう）	B（重そう＋食酢）	C（B.P.）
膨化状態（体積）	（　　　mL）	（　　　mL）	（　　　mL）
色			
弾　力			
断面のきめ			
におい			
味			
テクスチャー			

⑤考　察

① 　重そう，食酢，ベーキングパウダーのそれぞれが小麦粉製品の膨化にどのように寄与しているか，さらにそれが製品の性状などにどう表れるか考える。
　　ガス発生の機構を化学式で表してみる。

② 　各種メーカーのベーキングパウダーの成分の比較をし，なぜ違うのか，膨化にどう影響するのか考える。

⑤発　展

〔発展的実験1〕

　異なるメーカーのベーキングパウダーをDとして加え（配合割合はCと同じ），A～Cと一緒に蒸す。CとDの成分と膨化の状態を比較考察する。

〔発展的実験2〕

　CとDの生地を調製し，弱火で15分間蒸し加熱したものをC′とD′とする。

　CとDの違いと，C′とD′の違いを比較し，加熱条件の影響を考える。

性　状	C（B.P.-1）強火	D（B.P.-2）強火	C′（B.P.-1）弱火	D′（B.P.-2）弱火
膨化状態（体積）	（　　　mL）	（　　　mL）	（　　　mL）	（　　　mL）
弾　力				
断面のきめ				
テクスチャー				
その他				

実験3 クッキーの性状に及ぼす材料配合の影響

⑤目 的

　砂糖と油脂の配合割合がクッキーの性状に及ぼす影響を理解する。また，砂糖と油脂がドウの軟らかさに影響することを知り，換水値を理解する。

⑤実験方法

材 料 薄力粉30g×5，砂糖7.5g＋15g，バター7.5g＋15g

器 具 ボウル(S)7個，木べら6個，5mLメスピペット，めん棒，ラップ，クッキー型，粉ふるい，オーブン

方 法 1．粉は2回ふるっておく。各材料の量は下の表に従う。

2．Aはボウルに粉と水を加えて木べらで100回混ぜる。これを基本のドウとする。

3．BとCは，ボウルにバターを入れて木べらでクリーム状にし[*1]，薄力粉を加え，切るようにして混ぜ込む。次に水を加え，こねないよう，木べらでボウルに押し付けるようにしてドウにする。このときの水はあらかじめ15g準備しておき，表の計算上の値を参考にして，Aと同じ硬さになるよう，メスピペットを用いて注意深く加える。実際の水使用量を記録する。

4．DとEは，あらかじめ粉と砂糖をよく混ぜておき，3.と同じように操作して　水を加え，木べらで100回混ぜる。

5．それぞれのドウをラップにおき，めん棒で0.5cmの厚さに伸ばす[*2]。クッキー型ですべて同じ形に抜き，180℃(ガス，電気は200℃)のオーブンで15〜20分間焼く[*3]。

6．クッキーの色，におい，硬さ，ショートネス(サクサク感，もろさ)などを官能評価する。

7．バター(B，C)，砂糖(D，E)の換水値は，次の式で計算する。

$$換水値(\%) = \frac{15(\text{Aの水の量})(g) - 実際の水量(g)}{7.5\ または\ 15(\text{材料の使用量})(g)} \times 100$$

＊1　バターを溶かさないように注意する。

＊2　ドウがやわらかくなって扱いにくいときは，冷蔵庫で冷やす。

＊3　天板の中の置き場所によって色づきが異なることがあるので，その影響がでないようにあらかじめ調べておく。

⑤実験結果

各試料の材料配合と性状

材料と性状	A	B	C	D	E
薄力粉(g)	30	30	30	30	30
バター(g)	—	7.5	15	—	—
砂糖(g)	—	—	—	7.5	15

材料と性状	A	B	C	D	E
計算上の水(g)	15	(9)	(3)	(12)	(9)
実際の水(g)	15				
換水値(%)	―				
色					
硬さ					
ショートネス					
総合評価					

◎ 考　察

① バターのクッキーの性状に及ぼす影響を考える(A, B, C の比較)

② 砂糖のクッキーの性状に及ぼす影響を考える(A, D, E の比較)

③ バターと砂糖の換水値とそれぞれの水分含量，脂質含量との関係を考える。
　換水値という考え方が必要な理由を考える。

◎ 発　展

〔発展的実験〕

　薄力粉への油脂と砂糖の混合の順番によってグルテンの形成量が異なることを確認する。
その違いはクッキーの性状にどう影響するか考える。

1．A, B, E は，本実験と同じ方法で調製する。

2．B′は，A と同様にドゥをつくり，そこにバターを入れ混ぜ込んで均一なドゥにする。

3．E′は，水に砂糖を加えて完全に溶かし，それを粉に加える。水の量は E と同じにする。

4．A～E′をラップに包んで30分程度ねかせてから湿麩を採取し(p.16参照)，材料の混合の順番とグルテン形成の関係を考察する。

材料と湿麩量	A	B	B′	E	E′
薄力粉(g)	30	30	30	30	30
バター(g)	―	7.5	7.5	―	―
砂糖(g)	―	―	―	15	15
計算上の水(g)	15	(9)	15	(9)	(9)
実際の水(g)	15		15		
湿麩量(g)					

野菜，果物

実験1　野菜の加熱－軟化と硬化

⟳目　的

　　野菜は水中で加熱すると，軟化してやわらかくなるが，いったん硬化してから軟化する野菜，なかなか軟化しない野菜もある。

　　これは，野菜を加熱すると硬化と軟化という相反する二つの変化が同時に起こっているからである。野菜の軟化と硬化に影響を及ぼす温度について理解する。また，軟化の促進や抑制にはたらくものについて理解する。

⟳実験方法

　材　料　じゃがいも中1個，だいこん中5cm，蒸留水

　器　具　300mLビーカー4個，恒温槽（湯せんなべ），金網2枚

　測定機器　物性測定器（テクスチャーアナライザーなど）

　方　法　1．じゃがいもとだいこんは皮をむいて，1cm角にそれぞれ30個切り出す。

　　2．300mLビーカー2個それぞれに蒸留水150gを入れ恒温槽（または湯せんなべ）で60℃にする。じゃがいもとだいこんを各16個入れ，30分後まで5分ごとに2個ずつ取り出して硬さを測定する（物性測定器，または官能評価をして，硬さの程度を表現する）。

　　　　硬さの測定値をグラフに経時的にプロットする（縦軸に硬さ，横軸に時間）。

　　3．300mLビーカー2個それぞれに150gの蒸留水を入れて沸騰させ，じゃがいもとだいこんを各14個入れ，2．と同様に30分後まで5分ごとに2個ずつ取り出して，硬さを測定する（物性測定器，または官能評価をして，硬さの程度を表現する）。

　　　　硬さの測定値をグラフに経時的にプロットする（縦軸に硬さ，横軸に時間）。

　　　　煮くずれた時点で実験は終了とする。

　　4．2．で60℃30分間加熱を行ったじゃがいもとだいこんを2個ずつ準備し，蒸留水150gを沸騰させたビーカーに1個ずつ入れて，5分間加熱し，沸騰加熱前後の硬さを比較する。

　　　注〕　ビーカーはアルミホイルでふたをして，茹で水が減ってきたら，同温の蒸留水を加える。

　　　＜実験上の注意＞
　　　じゃがいもをカットする際には，中央の髄の部分を除いて，カットすること（硬さが異なるため）。またその他に用いる野菜としては，にんじんやさつまいもなどがある。にんじんを用いる場合には，じゃがいもと同様に中央の髄の部分を除いて，カットすること。

↻実験結果

硬さの測定値（または硬さの程度）

	経 時	60℃	沸騰水	経 時		60℃	沸騰水
じゃがいも	生			だいこん	生		
	5分				5分		
	10分				10分		
	15分				15分		
	20分				20分		
	25分				25分		
	30分				30分		
	沸騰5分				沸騰5分		

↻考　察

① 温度の違いによる軟化速度，軟化の度合いについて検討する。

② 60℃加熱したものと生の硬さを比較する。

③ 60℃で加熱後に沸騰再加熱した試料の硬さについて考察する。

④ 野菜の軟化とペクチンについて調べる。

↻発　展

〔発展的実験1〕

200mLビーカーに100gずつの蒸留水，1％食塩溶液，5％しょうゆ溶液，3％の砂糖溶液を調製し，じゃがいも中1個の皮をむいて1cm角に切り出し，それぞれのビーカーに6個ずつ加える。

アルミホイルでふたをして10分間加熱後，物性測定器，または官能評価をして，硬さの程度を表現し，調味料による軟化の影響について検討する。

〔発展的実験2〕

200mLビーカーに100gずつの蒸留水，0.8％食塩溶液，0.2％ミョウバン溶液を調製し，さつまいもの皮をむいて0.5mm幅にスライスして，それぞれのビーカーに2切れずつ加える。

アルミホイルでふたをして15分間加熱後，物性測定器，または官能評価をして，硬さの程度を表現し，ミネラルによる軟化の影響について検討する。

溶液の種類	10分加熱後
蒸留水	
1％食塩溶液	
5％しょうゆ溶液	
3％砂糖溶液	

溶液の種類	15分加熱後
蒸留水	
0.8％食塩溶液	
0.2％ミョウバン溶液	

実験2 pHの異なる溶液中の野菜の色の変化

♻目　的

　　野菜に含まれる色素(クロロフィル，アントシアニン，フラボノイド)は，加熱溶液の pHや食塩などの影響を受け，色の変化を起こす。種々の溶液中で野菜を加熱して，色の 変化を調べ，野菜の色を生かす調理の要点を理解する。

♻実験方法

|材　料| ほうれんそう1~2株，紫きゃべつ2枚，カリフラワー約100g，ごぼう約10cm, 蒸留水，1%食塩溶液，5%食酢溶液，0.3%重そう溶液

|器　具| 200mLビーカー4個，100mLメスシリンダー

|測定機器| pHメーター(pH試験紙)，色差計(標準色票)

|方　法| 1. 4種類の溶液のpHを測定する。ほうれんそうは5cm角，紫きゃべつは3cm 角，カリフラワーは小房に分け，ごぼうは，たわしで泥をよく落とした後5mmの斜 め切りにし，それぞれ9片準備する。

　　2. 200mLビーカーに4種類の溶液を100gずつ入れる。コンロの金網に，4種類の ビーカーを置き加熱する。95℃になったら，ほうれんそうを2枚ずつ入れ，2分，5 分後に1枚ずつ取り出し，水中にとって手早く冷まし，紙で水気を切り，記録用紙に 時間順に並べ写真を撮る。

|別　法| 野菜はそれぞれ10片ずつ準備する。4種類の溶液を200mLビーカーに100gず つ入れ，沸騰湯浴中で加熱する。90℃になったら，野菜を3枚ずつ入れ，2，5，10分 後*に1枚ずつ取り出し，水中にとって手早く冷まし，紙で水気をきり，記録用紙に 時間順に並べ写真を撮る。

　　3. 他の野菜について1.~2.の操作を同様に行う。

　　4. 生と茹でた後の野菜の硬さ，色調の変化を観察する。

　　*実験時間や器具などを考慮して，加熱時間は1~2段階としてもよい。

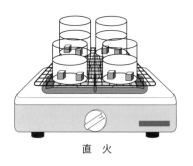

直　火

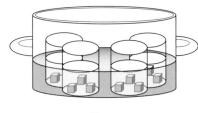

湯せん

⟲実験結果

pH の異なる溶液中の野菜の色と硬さの変化

		色・硬さの状態							
材　料		ほうれんそう				紫きゃべつ			
	溶液の pH	生	2分	5分	10分(湯煎)	生	2分	5分	10分(湯煎)
水									
1%食塩溶液									
5%食酢溶液									
0.3%重そう溶液									

材　料		カリフラワー				ごぼう			
	溶液の pH	生	2分	5分	10分(湯煎)	生	2分	5分	10分(湯煎)
水									
1%食塩溶液									
5%食酢溶液									
0.3%重そう溶液									

⟲考　察

野菜の色に及ぼす pH の影響を考える。

① ほうれんそうの色調と硬さはどのように変化したか。変化の理由と緑黄色野菜を茹でるときの要点を考える。

② 紫きゃべつ，およびカリフラワーの色調と硬さはどのように変化したか。変化の理由を考える。

③ ごぼうは加熱溶液によって，色や硬さはどのように変化したか。

④ アントシアニン系色素やフラボノイド系色素の色調の変化を利用した調理例を考える。

⑤ 加熱溶液にミョウバンを加えた場合の野菜の色の変化，および硬さについて調べる。

⟲発　展

〔発展的実験〕

にんじんは皮をむき，5 mm 幅の輪切りを8片準備する。本実験同様に4種類の溶液を 200 mL ビーカーに 100 g ずつ準備する。それぞれのビーカーに2片ずつ加えて，火にかけ，2分後，5分後に1片ずつ取り出し，紙で水気をきり，硬さ，色調の変化を観察する。

実験3　果物の褐変

⑤目　的

　果物は切ったり，ジュースにすると時間の経過と共に褐変する。これはポリフェノール類のポリフェノールオキシダーゼによる褐変である。酵素作用により生じる褐変の機構を理解し，褐変を防ぐ方法について考える。

⑤実験方法

【材　料】　りんご1個，レモン1/2個，1％食塩溶液50g，食塩，アスコルビン酸

【器　具】　100mLビーカー，プラスチック製おろし器，ふきん，200mL試験管，試験管立て，駒込ピペット，試験管ばさみ

【測定機器】　pHメーター（pH試験紙）

【方　法】　**1**．りんご1/4個の皮と芯を除き，いちょう切りして3等分し，a, b, c とする。a はそのまま空気中に放置。b と c は100mLビーカーに入れ，b は水50gにつけ，c は1％食塩溶液50gに浸ける。

　　　　　15分間後 b と c は溶液から取り出し，色の変化を観察し，褐変の少ない方から順位をつける。

　　2．レモン汁をしぼり，pHを測定する。試験管にA～Fのラベルを貼り，Bに食塩0.025g，Cにレモン汁1g，Dにアスコルビン酸0.15g，Eにアスコルビン酸0.15g，および食塩0.025gを測り試験管立てに並べる。

　　3．残りのりんごは，手早く皮をむき芯を除いてすりおろし，ふきんで絞って果汁をとる。直ちにA～Fの試験管に駒込ピペットで5gずつ入れ（Cのみ4g），B，C，D，E はよくふる。

　　　　　A はそのまま放置する。F は試験管ばさみを使用し直火にかざして沸騰直前まで加熱する。

　　4．30分後のA～FのpHを測定し，褐変の状態を観察し，褐変の少ない方から順位をつける。

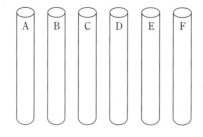

A：そのまま放置
B：食塩0.025g
C：レモン汁1g
D：アスコルビン酸0.15g
E：アスコルビン酸0.15g＋食塩0.025g
F：直火にかざして沸騰直前まで
＊それぞれにりんご果汁5gずつ加える（Cのみ4g）

⑤実験結果

薄切りりんごの色の変化

色の変化	褐変状態	褐変順位
a　そのまま		
b　水浸漬		
c　食塩溶液浸漬		

最も褐変が少ないものを1として順位をつける。

りんご果汁の色の変化

りんご果汁	pH	褐変状態	褐変順位
A　無添加			
B　食塩添加			
C　レモン汁添加			
D　アスコルビン酸添加			
E　アスコルビン酸＋食塩添加			
F　無添加＋加熱			

好ましいものを1として順位をつける。

⑤考　察

① りんごの薄切りの色調は，どのように変化したか。

② りんご果汁の色調は，どのように変化したか。食塩，レモン汁，アスコルビン酸の添加効果とその理由を考える。加熱の目的は何か。

③ 果物の酵素的褐変を理解し，褐変防止方法を考える。

⑤発　展

〔発展的実験1〕

バナナ(1本)は皮をむき1cm幅の輪切りにして3等分にする。Aそのまま放置，Bは1%食塩溶液につける，Cはレモン汁をふりかける。30分後のA〜Cの褐変の状態を観察し，褐変の少ない方から順位をつける。

〔発展的実験2〕

ごぼう(100g)の皮をのぞき，ささがきにして重量を測る。ごぼうを3等分(約30g)して，200mLビーカーに移し，Aは何も加えない，Bは水70gを加える，Cは水65gに食酢5gを混和した液を加える。15分後，ごぼうの色を比較する。BとCについては事前にpHを測定しておく。

いも類

実験1 マッシュポテト，粉ふきいも

○目　的

　じゃがいもには粉ふきいもやマッシュポテトに適する粉質のいもと，煮くずれしにくい粘質のいもがある。これらのいもの加熱後の扱いが調理品のテクスチャーにどのような影響を与えるのかを知り，調理における要点を確認する。また磨砕によるじゃがいもの細胞，およびでん粉形態の変化を顕微鏡観察により確認し，理解を深める。

○実験方法

[材　料]　男爵いも2個，メークイン1個，ヨウ素ヨウ化カリウム溶液，（いもは1個100～150g程度）

[器　具]　なべ2個，裏ごし器2個，ゴムべら2個，すりこぎ，すり鉢，スライドガラス，金属バット

[測定機器]　光学顕微鏡

[方　法]　1．じゃがいもは皮をむいて，1個を4分割にする（男爵いもは8切れ，メークイーンは4切れできる）。

2．別々のなべに男爵いも，メークインを入れ，いもがしっかりかぶる程度の水を加え，沸騰したら火を弱めて約15分加熱する（いもが煮くずれないように，火加減に注意する）。

3．茹で終わったら茹で汁をきり，男爵いもは3切れ残し（D-1），5切れは取り出す（D-2）。メークイーンは3切れを残し（M-1），1切れは取り出す（M-2）。

4．D-1，M-1は熱いうちにふたをしてなべを揺り動かし，弱火で粉ふきいもにする。

5．D-2のうちの1切れ，M-2はそれぞれ裏ごしてマッシュポテトにする。熱いうちに手早くねらないように裏ごす。

6．D-2の残りの4切れは，あらかじめ冷やしておいた金属バットに入れ，ラップをして冷蔵庫で20分間冷やす（いもの温度が下がっていることを確認する）。

7．6.のいもの3切れはなべに入れ，4.と同じ要領（なべのゆすり方，ゆする時間，火加減を同じにする）で粉ふきいもにする（D′-1）。残りの1切れはすり鉢に入れ，すりこぎですりつぶして，粘りを出したものをマッシュポテトとする（D′-2）。

8．粉ふきいもの粉の吹き方の違いを観察し，各種いもの官能評価を行う。

9．磨砕した男爵いも（マッシュポテト）をそれぞれスライドガラスにのせ，ヨウ素ヨウ化カリウム溶液*を少量滴下して，着色する。生いも切り口もスライドガラスにこすりつけて同様に着色する。光学顕微鏡で細胞の状態を観察する。

＊ヨウ素ヨウ化カリウム溶液は，ヨウ化カリウム2gを蒸留水20gに溶解し，ヨウ素1gと蒸留水277gを加えて溶解する。褐色びんに保存する。

◎実験結果

いもの種類，温度によるマッシュ，粉ふき状態の違い

		男爵いも	メークイーン	男爵いも
		加熱直後	加熱直後	放冷後
粉ふきいも	試料記号	D-1	M-1	D′-1
	粉ふき状態			
	テクスチャー			
マッシュポテト	試料記号	D-2	M-2	D′-2
	味			
	テクスチャー			

男爵いもの生，マッシュポテトの顕微鏡観察(図，または観察写真)(倍率　　　倍)

生	加熱直後のマッシュポテト D-2	放冷後のマッシュポテト D′-2

◎考　察

① 粉ふきいもにおいて，いもの品種，温度の違いにより粉ふきの状態やテクスチャーがどのように違うか。粉ふきいもの調理時の要点は何か。

② マッシュポテトにおいて，いもの品種や温度の違いがテクスチャーにどのような影響を与えるか。マッシュポテトをつくるときの要点は何か。光学顕微鏡観察の結果と関連づけて考察する。

③ 男爵いもとメークインの違いは何か。調理においてどのように使い分けたらよいか。

◎発　展

〔発展的実験〕

ポテトスープを作り，口触りを比較する。

1．D-2，M-2，D′-2の各30gに温めたブイヨンを45g(いもの重量の1.5倍量)ずつ加えてよく混ぜる。

2．ポテトスープとしての舌触りを3種間で比較する。

実験2　さつまいもの糖度

⚘目　的

　　さつまいもは，加熱することにより甘味が増す。これは糊化でん粉に対して内在する
β-アミラーゼが作用し，マルトースが増加するためである。蒸し加熱，オーブン加熱，
電子レンジ加熱など，加熱方法によりさつまいもの甘味や香りが異なることを理解する。

⚘実験方法

　　材料　さつまいも2本(1本150〜200g程度のもの)

　　器具　100 mL ビーカー4個，ボウル4個，裏ごし器，ろうと台2個，ろうと4個，ろ紙
4枚(定性ろ紙)

　　測定機器　糖度計

試料作成

　　方法　1．さつまいも2本の両端2cmを切り落とす。
皮つきのまま中央で切り，それぞれA，B，C，D
とし，A以外は重量を測定する。

　　2．Aは皮をむき生のまますりおろす。10gをビーカーに測り取り，蒸留水を10g加え，
一定の速度で10分間撹拌し，糖を抽出する。その後すみやかにろ過し，ろ液の糖度
を糖度計で測定し，いもの糖度を計算する(希釈倍率は2倍)。

　　3．B，C，Dは，以下の方法で加熱する。

　　① Bはアルミはくに包み，130〜150℃のオーブンで60分間焼く。

　　② Cは蒸気の上がった蒸し器に入れ，20分間加熱する。

　　③ Dはふんわりとラップに包んで電子レンジで加熱する。加熱時間は100g当たり
2.5分間(600 W)の割合で計算する。

　　　いずれの方法も竹串をさして加熱終了を確認し，加熱時間を記録する。加熱終了
のタイミングがおおよそ同じになるように，加熱開始時間を調整する。あら熱が取
れたら重量を測定し，重量減少率を計算する。

　　4．B，C，Dの皮を除き，中央部を10g程度裏ごす。裏ごした5gをビーカーに測り取
り，蒸留水を10g加え，一定の速度で10分間撹拌し，糖を抽出する。その後すみや
かにろ過し，ろ液の糖度を糖度計で測定し，いもの糖度を計算する(希釈倍率は3倍)。

　　5．残ったいもは色，香り，甘味，テクスチャーなどの官能評価を行う。

　　　重量減少率と糖度の計算は，以下の式を用いる。

$$\text{重量減少率}(\%) = \frac{\text{生いも重量(g)} - \text{加熱後いも重量(g)}}{\text{生いも重量(g)}} \times 100$$

$$\text{糖　度}(\text{Brix}\%) = \frac{\text{糖度計の測定値(Brix\%)} \times \text{希釈倍率}}{100(\%) - \text{重量減少率}(\%)} \times 100$$

⑨実験結果

加熱方法の違いによるさつまいもの性状

測定・評価項目 ＼ 加熱方法	A：生いも	B：オーブン加熱	C：蒸し加熱	D：電子レンジ加熱
生いも重量 (g)				
加熱後いも重量 (g)				
重量減少率 (%)				
加熱時間(分)				
糖度計測定値(Brix%)				
いもの糖度(Brix%)				
香り 色 甘 味 テクスチャー おいしさ				

⑨考　察

① 加熱法によりさつまいもの糖度が異なるのはなぜかを考える。内部温度の上昇の違い，でん粉の糊化温度とどのように関わるのかについて考察する。

② 加熱法により重量減少率が異なるのは，なぜか考えてみる。

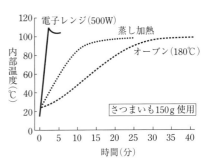

四十院成子：「ネオエスカ調理学」(渋川祥子，畑井朝子編)，p.186，同文書院(2006)

⑨発　展

〔発展的実験〕

　さつまいもの種類を変えて同じ大きさ，同じ方法で加熱を行い，糖度の測定，官能評価を行う。何による違いなのかを考える。

1．安納芋，紅はるか，鳴門金時（または紅あずま）を用いて蒸し加熱を行い，比較する。

2．紅はるか，シルクスイートを用いて電子レンジ加熱を行い，比較する。

実験3　さといものぬめり

⑤目　的

　さといものぬめりは，ふきこぼれや調味料の拡散を妨げることから，下処理として一般に「茹でこぼし」による除去がなされる。そこで茹でこぼしの効果，および茹で水に加えた各種調味料の影響を調べる。

⑤実験方法

　|材　料|　さといも(赤芽，セルベスはぬめりが少ないので，女早生(おんなわせ)と同等の粘質のもの)約400 g，食塩2.5 g，食酢12.5 g，重そう(炭酸水素ナトリウム)1.25 g

　|器　具|　小なべ5個，300 mL ビーカー5個

　|方　法|　1．茹で水を準備する。食塩，食酢，重そうそれぞれに水を加え，250 gの溶液をつくる。

　2．さといも約400 g(大3個)の皮をむき，約15 g(約2.5 cm角)ずつに切ったものを20個用意する。4個1セットにする。

　3．さといもを4個ずつ小なべに入れ，茹で水250 gを加え，下表に従って茹でる。
　　茹で水が沸騰したら静かな沸騰状態(微沸騰)になるように火加減を調整し，ふたをしないで茹でる。

さといものぬめりの除去

茹で水	茹でる方法	茹でこぼし
水	沸騰後10分間茹でる	×
水	沸騰後2分間茹でたら，茹で水を捨てる(茹でこぼし)。なべに新たに水250 gを加え，できるだけ早く沸騰させ，その後，微沸騰で8分間茹でる	○
1%食塩溶液		
5%食酢溶液		
0.5%重そう溶液		

　4．茹で終わったときの茹で汁をそれぞれビーカーにとり，室温で冷ます。最も多い量に水を加えて合わせる。回転粘度計により粘度を測定する(ずり速度50 s^{-1})*。
　〈簡便法〉オストワルド粘度計や10 mL メスピペットを用いる。水を対照とし，(各液の落下時間－水の落下時間)/水の落下時間 として，各茹で水の相対粘度を算出する。

　5．茹でたさといもは，熱いうちに表面のぬめりを観察する。その後，色や表面の状態を観察し，味，テクスチャーを比較する。

　*回転粘度計を用いた粘度の測定：試料を円筒または円盤中で回転させ，ある流速で動かした時に生じる流動抵抗から求める。

　　　粘度(Pa・s) = ずり応力(Pa)/ずり速度(s^{-1})

　ずり速度(s^{-1})は，試料の流れる速度(cm/s)を距離(cm)で除した値

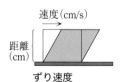

↺実験結果

さといもの茹でこぼしの効果

茹でこぼし	×	○			
茹で水	水	水	食塩溶液	食酢溶液	重そう溶液
粘度(Pa·s)					
色					
表面の状態					
味					
テクスチャー					

↺考　察

① 茹でこぼしによる影響はどうであったか

② 各種調味料のぬめりの除去への効果はどうであったか。

③ 各種調味料がさといもの食味にどのように影響したか。

④ さといものぬめりの除去に効果を発揮する調理法を明らかにする。

↺発　展

〔発展的実験1〕

　下記条件を変えて，ぬめりの量の違い，味，テクスチャーの違いを考える。

　1．さといもの種類

　2．茹でこぼしをしないで，沸騰後10分間各種調味料中で茹でる。

〔発展的実験2〕

　「きぬかつぎ」*をつくるにあたり，以下の方法で加熱し，皮のむきやすさ，風味，テクスチャーの違いを比べる。

　　*名前は平安時代の女性の衣装「衣被(きぬかつぎ)」に由来し，「土垂(どだれ)」や
　　「石川早生(いしかわわせ)」などの小いもを使う。加熱後に皮をむき，黒ごまや
　　塩，みそをつけて食べる。月見だんごと共にお月見の料理としても供される。

きぬかつぎ

　1個30〜40gのいもを使い，洗って上下の先端部分を水平に切り落とした後，皮がついた状態で調理する。

　1．電子レンジで加熱する：洗った後の水がよくついている状態で，一つずつラップで包む。1個当たり1.2分間(600W)を目安に加熱する。

　2．茹でる：なべにいもと浸る程度の水を入れて加熱し，沸騰後12〜15分間茹でる。

　3．蒸　す：蒸気が上がった蒸し器の中に入れ，13〜15分間蒸す。

豆　類

実験1　豆類の種類と吸水・膨潤

○目　的

　　豆類は含有する栄養成分により，たんぱく質と脂質を多く含むもの，炭水化物とたんぱく質を多く含むもの，野菜として扱われるものとに分類される。

　　豆類の種類による吸水のパターン，および時間との関係について調べ，適切な浸漬吸水時間を知る。

○実験方法

材　料　だいず，あずき（最新収穫品），あずき（1年以上前に収穫されたもの），いんげんまめなど（各種30gずつ）

試　薬　ヨウ素ヨウ化カリウム溶液

〔調製方法〕　ヨウ化カリウム0.36gを蒸留水100gに溶かし，ヨウ素0.14gを加えて溶かし，褐色びんに保存する。

器　具　200mLビーカー（豆の種類の数），200mLメスシリンダー，ボウル，ざる，ノギス，または定規，ペーパータオル，スライドガラス，カバーガラス

測定機器　顕微鏡

方　法　1．それぞれの豆3粒ずつの長径と短径をノギス，または定規で測定し，平均値を出す。

　　2．メスシリンダーに水150mLを入れ，そこに豆30gを入れて直ちに目盛りを読み，体積を測定する。この時点を浸漬0分とする。水ごとビーカーにあけ，浸漬を開始する。それぞれの豆について同じ操作を行う。

　　3．30分間経過後，ボウルにざるをのせて豆の水を切り，ペーパータオルで豆の表面の水気をよくふき取り，重量を測定する。水はビーカーに戻す。

　　4．メスシリンダーに新しい水100mLを入れ，そこに重量を測定した後の豆を入れて直ちに目盛りを読み，体積を測定する。

　　　　ざるで水を切り，豆だけを3.のビーカーに戻す。

　　5．1時間，2時間，5～6時間，20～24時間後に同様の測定を行う（できる限り計画的に行うことが望ましいが，測定が困難な場合は，測定可能な時間に測定を行う）。

　　6．20～24時間後に，それぞれの豆3粒の長径と短径をノギスまたは定規で測定し，吸水前の形と大きさを比較する。

　　7．浸漬後の豆を薄切りにして，スライドガラスにのせ，ヨウ素ヨウ化カリウム溶液を

滴下して，カバーガラスをかけ，顕微鏡で観察する（10×20倍）。

8．それぞれの豆の吸水率のグラフを作成し，吸水による重量，体積の増加率を比較する。

$$吸水率（\%）=\frac{浸漬後重量（g）-浸漬前重量（g）}{浸漬前重量（g）}\times100$$

⑤実験結果

豆の種類による吸水パターン

豆の種類		浸漬時間（時刻）						顕微鏡観察	豆の状態
		30分 （　　　）	60分 （　　　）	90分 （　　　）	120分 （　　　）	20時間 （　　　）	24時間 （　　　）		
だいず	重量(g)								
	体積(mL)								
あずき （新）	重量(g)								
	体積(mL)								
あずき （古）	重量(g)								
	体積(mL)								
その他	重量(g)								
	体積(mL)								

⑤考　察

① 吸水率から豆の種類による経時的な吸水パターンの違いを観察して，理由を考察する。

② それぞれの豆について調理に最適な浸漬吸水時間を考慮する。

③ 豆の種類とでん粉量との関係を顕微鏡画像から調べる。

④ 浸漬温度を変えた場合，吸水パターンに差が起こるかを考える。

⑤発　展

〔発展的実験〕

1．メスシリンダーに水100mLを入れ，だいず30gを入れて目盛りを読み，体積を測定する。ざるで水を切りだいずのみ300mLビーカーに入れる。

これを4つ作成し，A：蒸留水，B：1％食塩溶液，C：0.2％重そう溶液，D：熱湯を各200g入れる。

2．1時間後，ざるでだいずと液体を分け，液体は，なべに入れておく。だいずは表面の水をよくふき取り，重量を測定する。次いでメスシリンダーに水100mLを入れ，だいずを入れて体積を測定し，ざるで水をきる。

3．各溶液のなべにそれぞれのだいずを戻し，30分間加熱を行う（最初の水の高さを確認しておいて，加熱の途中には差し湯を行う）。加熱後，ざるで湯をきり，官能評価でやわらかさの評価を行う。

4．だいずの重量，体積，やわらかさなどの変化について考察する。

実験2　あずきあんの調製と性状

◇目　的

　でん粉が多いあずき類は，比較的煮えやすく，煮物やあんの調理に適する。あんの調製法を，あずきを原料として学び，生あんや練あんの性状について，テクスチャーを調べたり，顕微鏡で観察をして，あんとでん粉の関係を理解する。

◇実験方法

　[材　料]　あずき(最新収穫品)100g，砂糖100g

　[試　薬]　ヨウ素ヨウ化カリウム溶液(実験1参照)

　[器　具]　計量カップ，ボウル，こし器，さらし布，なべ，ざる，スライドガラス，カバーガラス

　[測定機器]　顕微鏡

　[方　法]　1．なべにあずき100gと約3倍量の水を加えて加熱する。沸騰したら差し水を加え，50℃以下にする。再び沸騰したら，ざるで湯を切り，水で洗う。

　2．原料豆の4倍量の水を加えて弱火でやわらかくなる(親指と人差し指でつまんで潰せる程度)まで煮る。

　3．煮熟豆を，ボウルに入れたこし器に少しずつあけ，適度に水を加え，手で豆をつぶしながら皮とあん粒子に分ける。同様の操作を繰り返した後，皮を捨てる。

　4．ボウル内のあん粒子と水をさらし布で分け，固く絞る。これを生あんとして重量を測定する。あんのごく少量をスライドガラスにとり，ヨウ素ヨウ化カリウム溶液を滴下して，でん粉を染色し顕微鏡(×100)で観察する。

　5．生あん重量の50％の砂糖と50％の水を加え中火で加熱し，練りあんを調製する。練りあんの重量を測定して，あんの砂糖濃度を計算する。

$$練りあんの砂糖濃度(\%) = \frac{砂糖量(g)}{練りあん重量(g)} \times 100$$

　6．生あん，および練りあんのつや，甘み，風味を比較する。

◇実験結果

あずきあんの性状

乾燥豆	生あん			練りあん		
重量(g)	重量(g)	乾燥豆に対する収量(%)	つや，甘味，テクスチャー	重量(g)	砂糖濃度(%)	つや，甘味，テクスチャー

⑤ 考　察

① 乾燥の豆が練りあんになるまでの重量の変化について考察する。

② あずき以外の豆を使用した製あんは可能かを考える。可能ならばどのような種類の豆が適切か。

③ あんとあずき中のでん粉含有量との関係を考える。

④ あずきあんが，のり状にならない理由を顕微鏡画像から考える。

⑤ 発　展

〔発展的実験1〕

　24時間浸漬後のあずきについて，本実験同様に生あんの調製まで行い，本実験との生あん採取量との比較を行う。

〔発展的実験2〕

　発展的実験1で調製した生あんを半量ずつに分け，砂糖添加量を生あんの同量，半量にして，練りあんの調製を行う。

　硬さ，甘さ，色・つやなどについて比較を行う。

　　注〕　調製後のあんはSDGsの観点より調理に利用すること。

<参考>　豆類の栄養成分による分類

豆の種類	栄養成分の特徴	栄養成分(可食部100g当たり)				
		たんぱく質 (g)	脂　質 (g)	炭水化物 (g)	食物繊維 (g)	水　分 (g)
だいず(乾)	たんぱく質と脂質を主成分とする	33.8	19.7	29.5	21.5	12.4
落花生(乾)		25.4	47.5	18.7	7.4	6.0
あずき(乾)	炭水化物とたんぱく質を主成分とする	20.8	2.0	59.6	24.8	14.2
ささげ(乾)		23.9	2.0	55.0	18.4	15.5
いんげんまめ(乾)		22.1	2.5	56.4	19.6	15.3
そらまめ(乾)		26.0	2.0	55.9	9.3	13.3
えんどう(乾)		21.7	2.3	60.4	17.4	13.4
ひよこまめ(乾)		20.0	5.2	61.5	16.3	10.4

C 動物性食品に関する実験

この章では，植物性食品と同様，動物性食品についても調理中の変化や結果が食べ物のおいしさとどう関係するのかを理解する。

食肉類

実験1　湿式加熱による肉の硬さとスープの食味

目　的

牛すね肉などの硬い肉は，スープストックや煮込み料理に適する。結合組織を多く含む硬い肉を長時間煮ると，コラーゲンが低分子化して肉はやわらかく，ほぐれやすくなる。同時に肉の呈味成分が水中に溶出し，加熱時間と共にスープのうま味が強くなる。肉の食感やスープの食味が経時的に変化することを理解する。

実験方法

[材　料]　牛すね肉300 g(2 cm 角，12切位)，小皿5枚，食塩

[器　具]　100 mL ビーカー(またはパイレックスグラス)4個，深なべ

[方　法]　1．牛すね肉を約2 cm 角に切る。

2．深なべに水1400 gを入れ，生肉片1切れを残してすべて入れ，火にかける。沸騰したら火を弱め，上に浮いたアクをすくい取る。

3．沸騰後15・30・60・90分の時点で，2切れずつ肉を皿にとる。
同時にスープを50 g(50 mL でも可)ずつビーカーにとる。

4．肉とスープの食味を順位法により評価する。加熱15〜90分間の肉について，硬い順，ほぐれやすい順，好ましい順に順位をつける。生肉は加熱肉と共に外観観察，および触診して特徴をメモする。

スープは0.3%の食塩を加えて60〜70℃に温め，色の濃い順，うま味の強い順，好ましい順に順位をつける。

5．4.の順位法の評価値は，フリードマン検定を行い，試料間の差を判定する。

注〕　残りの肉は，しょうゆ，砂糖，しょうがで味付けして試食する。スープも適宜調味して味わう。加熱時間が90分とれない場合，同じ材料分量(肉300 g/水1400 g)を用い，圧力なべで加熱してもよい。加熱時間の目安は，加圧弁作動後20分間とし，その後，消化して10分間蒸らす。軟化した肉やスープの食味について，なべ加熱と比較する。

⑤実験結果

肉とスープの経時的な食味変化

加熱時間		15分	30分	60分	90分
肉	硬い順				
	ほぐれやすい順				
	好ましい順				
スープ	色の濃い順				
	うま味の強い順				
	好ましい順				

⑤考　察

① 肉は経時的にどのような変化がみられたか。

② 好ましく感じる肉の硬さになるのは，沸騰後どれくらいの加熱時間か。

③ スープのうま味は経時的にどのように変化したか。

④ 長時間加熱が牛すね肉に与える影響を考察する。

⑤発　展

〔発展的実験〕

　スープのうま味成分の一つであるグルタミン酸の含有量を簡易測定し，官能評価項目の「うま味の強い順」などとの関係を確認して考察する。

器具　ろ紙，パックテスト（グルタミン酸測定用：簡易測定デバイス）*

　　*株式会社共立理化学研究所と味の素株式会社の共同開発品。（URL: https://kyoritsu-lab.co.jp/form-products）

方法　1．スープ（室温）をろ紙でこす。蒸留水を用いて適宜希釈する（目安5倍程度）。

　　2．パックテストを用いて，グルタミン酸の含有量を測定する（下図）。1の試料液を専用テストチューブに吸い込み（約1.5 mL/回），静かに20回ふり混ぜ，2分後に発色した青色の程度を付属の標準色列と比較する。

①ラインを引き抜く　②試料水を吸入, ふり混ぜる　③標準色列と比較

　　パックテスト（グルタミン酸測定用）は，酵素を用いた4-アミノアンチピリン比色法による。目視による測定範囲は1〜50 mg/L（ppm）。pH6〜9であればpH調整は不要である。

注〕 発色させたパックテストをさらにスマートフォンで撮影し，無料の専用アプリ（スマートパックテスト）で判定結果を数値化することができる。他にデジタルパックテスト（小型吸光度計）を用い，より正確な定量も可能である。

実験2 乾式加熱による肉の硬さの変化 （ポークソテーにおける物理的処理と塩）

⑤目　的

　　豚肉は食中毒や寄生虫感染防止のため，完全に火を通す必要がある。一定の加熱条件下では，加熱前の下処理がポークソテーの硬さや食味を左右する。加熱肉の状態や食味を比較し，下処理（筋切り，肉たたき）や食塩の役割を理解する。

⑤実験方法

材　料　豚ロース肉（周囲の脂肪が10 mm 以下，厚さ5 mm×4枚）150 g，サラダ油（肉重量の3％），食塩（肉重量の1％），こしょう（適宜）

器　具　フライパン（直径27 cm 前後），肉たたき，ペーパータオル

方　法　1．生肉の重量を1枚ずつ測定する。

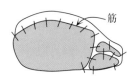

筋切り（筋切りの位置）

2．下表に示す指示に従い試料 A ～ C は，右図を参考に筋切りを行う。試料 C のみ肉たたきをする。肉たたき（肉形状がひと回り大きくなるくらい）の後，元の形に整える。ふり塩は肉重量の1％とする（試料 A を除く）。

　　10分間放置後，肉表面に水気が出ていたら，ペーパータオルで軽くふきとる。

3．フライパンを熱して肉重量の3％の油をなじませたら，盛りつけ時に上面になる方から焼く。はじめ強火で30秒間焼き，次いで中火にして1～1.5分間焼き，返して同様に焼く（焼き時間目安；両面で合計3～3.5分間程度）。

4．加熱後の肉重量を測定し，重量減少率を算出する。

$$重量減少率(\%) = \frac{生肉重量(g) - 加熱後肉重量(g)}{生肉重量(g)} \times 100$$

5．各加熱肉の形状の変化，硬さ，多汁性について，それぞれを評価し比較する。

⑤実験結果

ポークソテーの食味に及ぼす下処理の影響

試料区分	A	B	C	D
筋切り	○（あり）	○	○	×
肉たたき	×（なし）	×	○	×
ふり塩	×	○	○	○
生肉重量(g)				
加熱後重量(g)				
重量減少率(%)				

試料区分	A	B	C	D
肉の形状の変化				
肉の硬さ				
肉の多汁性				

注〕 テフロンフライパンの場合，油は肉重量の1%でよい。フライパンが小さい場合，2枚
　　 ずつ加熱する（1回目はAとB，2回目はCとD）。

✎考　察

① AとBの比較より明らかになったことは何か（食塩の役割を考察する）。

② BとCの比較より明らかになったことは何か（肉たたきの効果を考察する）。

③ BとDの比較より明らかになったことは何か（筋切りの意味を考察する）。

④ 肉の下処理が加熱肉の食味に及ぼす影響について考える。

✎発　展

〔発展的実験〕

　　牛ロース肉（厚さ約1.5 cm × 4枚）を用いて，加熱時間による肉の内部温度や色，硬さの変化，食味の違いを比較する。調味料や油は，ポークソテーと同様とする。

1. 牛ロース肉の重量を1枚ずつ測定する。

2. 筋切りと肉たたきをした後，元の大きさに整えてから肉の内部温度を測定する。

3. 肉を焼く直前に塩（適宜こしょう）をする。油を入れた高温のフライパンで，盛り付け時に上面になる方を下にして焼き始める。焼き方は強火で30秒間焼き，次にやや弱火にして1枚は1分間（A），1枚は2分間（B），1枚は3分間（C）焼き，返して同様に焼く。

　　したがって，1枚当たりの総加熱時間はA3分間，B5分間，C7分間である。また，さらに1枚を加熱開始から終始弱火で4〜5分間加熱して，返して同様に焼く（D）。

4. それぞれ焼上がり直後に肉の内部温度を測定し，手早く重量を測定する。その後，直ちに各ステーキを切って肉内部の色を観察する。

　　肉の硬さや食味を比較しながら試食し，順位法により「ステーキの好ましさ」について，好ましい順に順位付けする。

5. その後，フリードマンの検定を行い，試料間の差を判定する。

✎考　察

① 肉内部の色や食味はどのように変化するか。

② 弱火加熱が不適当な理由を考察する。

③ ビーフステーキの加熱条件が肉内部の色や食味に及ぼす影響を考える。

調味料やプロテアーゼを用いた軟化処理による
肉の硬さの変化

◌目　的

　　肉をやわらかくするには，物理的な組織の破壊，pH 調整，調味料(塩，砂糖など)の添
加，酵素作用の活用など各種方法がある。ここでは肉の軟化に及ぼす調味料類の影響，野
菜や果物に含まれるプロテアーゼ(たんぱく質分解酵素)の影響を理解する。

◌実験方法

　　材　料　豚ロース肉 800 g(厚さ 1 cm × 8 枚)，しょうゆ 15 g，みりん 15 g，食酢 10 g，サラダ油
　　8 g，赤ワイン 15 g，重そう 1.5 g，しょうが 60 g，キウイフルーツ 1 個(Hayward 種の完熟)100 g

　　器　具　オーブン，おろし金，茶こし，9 号サイズポリエチレン袋(15 × 25 cm)7 枚，
　　パイレックスグラス 7 個，オーブンシート

　　測定機器　熱電対温度計，pH メーター，レオメーター(物性測定器)

　　方　法　1．肉は背脂肪と皮下脂肪を除去し，ロース芯部分を切
　　　り出し，重量を計量する(1 切れ 40 g 前後)。

　　2．浸漬液を準備する。

ロース芯の位置

　　　①　マリネ液は油 8 g と食酢 10 g を混合しておく(容量比で
　　　　は 1：1)。

　　　②　3％重そう溶液を 50 g つくっておく。

　　　③　しょうがは，皮をむき，おろして茶こしでこし，しょうが汁を 15〜20 g とる。

　　　④　キウイも皮をむき，③と同様にして果汁を 15〜20 g とる。

　　3．しょうゆ，みりん，赤ワイン，および 2 で調製した①〜④の pH を測定する。

　　4．肉 1 枚はそのまま残し(無処理)，他は 1 枚ずつポリ袋に入れ，しょうゆ，みりん，
　　　赤ワイン，マリネ液，3％重そう溶液，しょうが汁，キウイ果汁を各 15 g ずつ入れて，
　　　空気を抜いて均一に漬かるようにし，室温(25℃)で 30 分間浸漬する。

　　5．肉片についた浸漬液をペーパータオルで軽くふいてからオーブンシート上に並べる。
　　　　肉の内部温度を確認するため，代表として無処理肉の厚み中心に熱電対温度計をさ
　　　しておく。

　　　　予熱したオーブン(200℃)で肉の中心温度が 85℃ になるまで加熱し，取り出す。加
　　　熱後の肉重量を測定し重量減少率を計算する(p.40)。1/2 量を官能評価(硬さ，味な
　　　ど)に用いる。残りの 1/2 量は室温まで冷まし，レオメーター(V 字型プランジャー，
　　　またはナイフ型)で硬さを測定する。

　　注〕　加熱温度と時間は電気オーブンの場合，200℃で 9〜9.5 分が目安である。予熱時に天板を入れて温めて
　　　　おき，オーブンシートごと天板に試料を手早く移して加熱する。オーブンの機種により温度と時間を調整
　　　　する。

↺実験結果

調味液による肉の軟化　　　　　　　　（加熱時間：　分　秒）

浸漬液	浸漬液のpH	肉の重量(g)		重量減少率（%）	硬さ測定値（N/m²）	官能評価（味，硬さなど）
		生	加熱後			
無処理						
しょうゆ						
みりん						
赤ワイン						
マリネ液						
3%重そう溶液						
しょうが汁						
キウイ果汁						

↺考　察

① しょうゆ，みりん，赤ワインは，肉の硬さにどのような影響を及ぼすか。

② 酸やアルカリは，肉の硬さにどのような影響を及ぼすか。

③ しょうが汁やキウイ果汁は，肉の硬さにどのような影響を及ぼすか。

④ 野菜・果物の絞り汁への浸漬時間が長いほど肉の食味は向上するか，嗜好との関連について考察する。

⑤ 冷蔵庫など低温下で調味液に浸漬する場合もあるが，軟化に及ぼす温度や時間の影響について考察する。

↺発　展

1. マリネには軟化効果があるとされるが，なぜか。

2. 重そうによる肉の軟化実験によると，1cm厚さの豚肉を0.2〜0.4モルの重そう溶液に40分間浸漬すると保水性の向上がみられるとされるが，この重そう溶液の濃度は何パーセントに相当するか。

3. 酵素による肉の軟化には，身近な野菜や果物に含まれる植物性のプロテアーゼを利用する場合が多いが，どのような野菜・果物に含まれているか。また，そのプロテアーゼの名称は何か。

4. 肉の軟化処理については，複数の文献がある。実用性もふまえて，さらに考察を深める。

　注〕　本実験で用いたしょうが汁は肉の3%で15分以上浸漬すると効果があるとされる。キウイフルーツは肉重量の20〜50％の添加により，浸漬10〜120分で効果があり，日常的には50％で20分の添加が好ましいことが認められている。赤ワインは，浸漬・煮熟で軟化効果が報告されている。

実験4 ハンバーグにおける塩・副材料の影響

⑤目 的

　　ひき肉料理のハンバーグは，みじん切りのたまねぎやパン粉などの副材料を加えてつく
る。ハンバーグの品質に及ぼす副材料の影響を確認し，それらの役割を理解する。

⑤実験方法

　　[材 料]　牛ひき肉500g，たまねぎ100g，生パン粉30g，牛乳30g，卵59g，食塩4.6g，
　　こしょう(あればナツメグも併用)，サラダ油
　　[器 具]　中ボウル5個，パイレックスグラス8個，小皿6枚，万能こし器，フライパン，
　　木べら，オーブン，オーブンシート(またはアルミホイル)
　　[測定機器]　熱電対温度計
　　[方 法]　1．材料表に従い，準備する。卵は撹拌し，万能こしきを通して卵白と卵黄を均
　　　一にしておく。みじん切りのたまねぎ100gは7gの油で茶褐色になるまで炒め(はじ
　　　めの重量の約1/2にする)，冷ましておく。各生パン粉は牛乳で湿らせる。
　　　2．材料をそれぞれ均一になるようによく混ぜる。
　　　　混ぜる順番は①食塩，②香辛料，③炒めたまねぎ，④湿らせたパン粉，⑤卵とし，
　　　①〜⑤の各段階で材料混合後に20回ずつ混ぜ，最終的な混ぜ回数が全試料同じ(100
　　　回)になるようにする。
　　　3．A〜Dの種をそれぞれ100gずつ計量し，長径10cm×短径8cm×厚さ1.5cm程度
　　　の小判型に成型して中央をくぼませ，オーブンシート(または油を塗ったアルミホイ
　　　ル)上に並べる。オーブンは天板を入れて，250℃で予熱しておく。
　　　4．天板に3.の試料をシートごと手早く移し，230℃にして約15分間焼く*。
　　*加熱温度と時間は電気オーブンの場合を示したが，オーブンの機種により調整する。

ハンバーグの材料表

材　料	A	B	C	D	E	備　　考
ひき肉(g)	100	100	100	100	100	
炒めたまねぎ(g)	0	0	15	15	15	肉に対して30%の生たまねぎ，炒め油は生たまねぎの7%使用
生パン粉(g)	0	10	0	10	10	肉の10%
牛　乳(g)	0	10	0	10	10	生パン粉と同量
卵(g)	10	11	12	13	13	肉＋炒めたまねぎ＋パン粉重量の10%
食　塩(g)	0.8	0.9	0.9	1.0	1.0	肉＋炒めたまねぎ＋パン粉重量の0.8%
こしょう	少々	少々	少々	少々	少々	あればナツメグも併用

5. オーブンから取り出し，5分後に重量を測定し，重量減少率を計算(p.40参照)する。

6. Eも100gを3.と同様に整形後，フライパンで焼く。その際，中心部に温度計をさして内部温度を確認後，十分熱したフライパンに油を入れてなじませたところへ温度計をさした状態のEを入れる。適宜返して焼き，内部温度が75℃に達した後，1分間の加熱を行い，取り出す。5分後に重量を測定して，切断して内部の色や火の通り加減を観察する。重量減少率を計算する。

7. すべての試料を切り分けて試食し，におい，味の特徴，硬さなどを記録する。好ましい順に順位づけする。

　　Aは肉だけ，Dは標準のハンバーグであることに留意しつつ，各試料を比較しながら副材料の役割を考察する。DとEの試料は加熱方法が異なる点に留意し，食味を比較する。

注〕　オーブン加熱せずにフライパンでA～Dを加熱する場合，油3%を用いる。片面を強火30秒間加熱後，ふたをして弱火で3分間加熱し，返して強火30秒間，さらに弱火3分間加熱する(両面で7分間加熱)。テフロンフライパンの場合，油は半量でよい。

◇実験結果

ハンバーグ各試料の比較と副材料の役割

		A	B	C	D	E
はじめの重量(g)						
焼上がりの重量(g)						
重量減少率(%)						
官能評価 (Aを基準 に評価)	におい					
	味の特徴					
	硬　さ					
	好ましい順					

◇考　察

ハンバーグにおける塩や副材料の役割を考える。

① 肉に食塩を加えてこねると，肉はどのように変化したか。食塩の役割を考察する。

② たまねぎの役割を考察する。

③ パン粉の役割を考察する。

④ 中心部を凹ませる理由を考える。

⑤ 75℃ 1分の加熱はHACCP(Hazard Analysis Critical Control Point System)によるものだが，この条件において，ハンバーグ内部はどのような色か。

魚介類

実験1 焼き魚のおいしさに及ぼす加熱条件の影響

೮目　的

　　焼き加熱には，直火焼きと間接焼きがあり，150〜300℃のような高温加熱が可能である。100℃以上の高温にさらされた魚の表面では，脱水が起こり，焦げが生じる。焼き加熱に用いる加熱器具やふり塩の有無などの違いにより，焼き魚の仕上がり状態は，どのように変わるのかを確認し，焼き加熱条件と焼き魚のおいしさの関係を理解する。

೮実験方法

[材料]　さけ，さば，ぶりなどの切り身[*1] 4切れ（1切れ100 g程度），食塩，油

[器具]　グリル，オーブン，網

[方法]　1. 魚の切り身を網にのせ，そのうち2切れには，重量の1％のふり塩をして15分おく[*2]。

2. それぞれの切り身生重量を測定する。

3. 次に示す加熱条件に従って，4種類の焼き魚の試料を調製する。AとB，CとDはそれぞれグリル，オーブンで同時に焼くなどとして，4試料の焼きあがりが同時になるようにする。

A　ふり塩した切り身をグリルで加熱[*3]する。片面グリルの場合は，2分間予熱してから，片面を4分間加熱，裏返してさらに4分間加熱後，取り出す。
　　両面グリルの場合は，予熱なしで，7分間加熱後，取り出す。

B　ふり塩していない切り身を，Aと同条件でグリル加熱する。

C　天板の上に油を塗布した金網をのせ，ふり塩した切り身を並べ，あらかじめ250℃に熱しておいたオーブンで8，9分間加熱[*3]する。

D　ふり塩していない切り身を，Cと同条件でオーブン加熱する。

4. 加熱後のそれぞれの魚の切り身の重量を測定し，焼き加熱後の重量減少率を求める。

$$重量減少率（\%）= \frac{生の魚重量（g）- 加熱後の魚重量（g）}{生の魚重量（g）} \times 100$$

5. それぞれの焼き魚の外観，風味，テクスチャーおよび好ましさについて，7段階の評点法（−3〜＋3）により官能評価する。

上面の焼き色，汁気（ジューシーさ），うま味は
　　−3：非常に弱い，−2：かなり弱い，−1：やや弱い，0：どちらともいえない，
　　　1：やや強い，2：かなり強い，3：非常に強い。
好ましさは，
　　−3：非常に好ましくない，−2：かなり好ましくない，−1：やや好ましくない，
　　　0：どちらともいえない，1：やや好ましい，2：かなり好ましい，3：非常に好ましい

注〕 ＊1　脂肪含量が比較的多い魚が適している。
　　＊2　通常の調理では，ふり塩後，魚肉表面の水気をふき取るが，本実験では，ふり塩効果を確認するためにふき取らない。
　　＊3　切り身内部の最終加熱温度がほぼ同一になるように加熱時間を調整する。

⑤実験結果

加熱条件と焼き魚のおいしさ

試　料		A	B	C	D
生重量(g)					
加熱後重量(g)					
重量減少率(%)					
官能評価	上面の焦げ色				
	汁気(ジューシーさ)				
	うま味				
	好ましさ				

⑤考　察

①　AとC，あるいはBとDの比較により明らかなことは何か(直火焼きと間接焼きの違いを考える)。

②　AとB，あるいはCとDの比較により明らかなことは何か(ふり塩の影響を考える)。

③　焼き加熱条件が焼き魚の仕上がりに及ぼす影響を考える。

⑤発　展

〔発展的実験〕

　1．本実験と同様に魚の切り身3切れを用意し，次に示す3種類の調味料につける。塩分パーセント1%になるように調整する。

　A　切り身の重量の1%のふり塩をして20分間おく。

　B　切り身の重量の7%のしょうゆにつけて20分間おく(10分で切り身を裏返す)。

　C　切り身の重量の7%のしょうゆと10%のみりん(あらかじめ混ぜておく)につけて20分間おく(10分で切り身を裏返す)。

　2．本実験と同様にグリルで焼く。加熱後の重量減少率を求め，官能評価を行い，調味料で味をつけるつけ焼きと塩焼きの違いを調べる。

<参　考>
　直火焼きは熱源に食品をかざして加熱する方法であり，主として熱源からの放射伝熱で加熱される。焼き魚は，強火の遠火で，熱源の温度が高いほど食品への放射伝熱速度が大きくなり，魚の表面は速やかに焦げて香ばしくなる。
　ガスコンロで焼くときは，焼き網をのせてガスの炎を放射熱に変えて加熱する。鉄架を用いると熱源から離れ，遠火となる。

鉄架

実験2 煮魚における調味料の添加時期の影響

⑤目　的

　魚の生臭みは，トリメチルアミンのような揮発性塩基窒素化合物に由来し，鮮度低下に伴い，生臭みが強くなる。魚の生臭みを抑制する方法としては，酒，しょうゆ，みそのような発酵調味料，香味野菜，および香辛料などの芳香を利用して生臭みを覆い隠す方法，牛乳やみそを用いて生臭み成分をコロイド粒子に吸着させる方法，食酢，梅干し，レモンなどの有機酸と生臭み成分を反応させて生臭み成分の揮発を抑える方法などがある。

　魚を煮る場合，煮汁に魚を入れる時期やしょうが汁を加える時期により煮魚のにおいや味，外観がどのように変わるのか確認し，調味料やしょうが汁の役割を理解する。

⑤実験方法

　　材料　さばを3枚におろした切身約300g，調味液約330g(魚の10%酒，10%しょうゆ，5%砂糖，85%水の混合液)，しょうが(すりおろして，しょうが汁を用意する)

　　器具　小なべ3個，落としぶた(アルミホイルなど)3個，おろし金，計量スプーン

　　方法　1．さば肉を33g程度に切り分けてから(9枚に切る)，部位が均等になるよう3群に分ける。

　2．それぞれの群の魚の重量，なべや落としぶたの重量を測定する。

　3．次に示す方法に従って，3種類の煮魚の試料を調製する。

　　A　さばの切り身，魚の1.1倍重量の調味液，および2.5gのしょうが汁をなべ[*1]に入れ，落としぶたをして，中火[*2]にかける。煮汁が沸騰してから3分間沸騰を継続し，その後火を止める。

　　B　魚の1.1倍重量の調味液，および2.5gのしょうが汁をなべに入れ，中火にかける。煮汁が沸騰したら，さばの切り身をなべに入れ，再度沸騰したら落としぶたをして3分間沸騰を継続し火を止める。

　　C　魚の1.1倍重量の調味液をなべに入れ，中火にかける。煮汁が沸騰したら，さばの切り身をなべに入れ，再度沸騰したら落としぶたをして，3分間沸騰を継続する。その後，火を止める直前に2.5gのしょうが汁をなべに回し入れて，火を止める。

　　＊1　なべは小さいなべがよいが，切り身が重ならない程度の大きさのものを選ぶ。
　　＊2　煮汁が沸騰したときに，煮汁が軽く落としぶたに触る程度に火力を調節する。3種類の試料の火力は同程度になるようにする。

　4．3試料の調味料の濃度が大きく異ならないようにするために，加熱終了後の魚と調味液の総量が，魚肉の重量の1.5倍程度になるように水を加えて調整する。

　5．皿に煮上がったさば試料を盛りつけて，外観，生臭み，好ましさを順位法により官能評価する。フリードマン検定により有意差検定を行う。

⑤実験結果

煮魚の生臭みと外観の官能評価

試　料		A	B	C
官能評価	食べる前の外観の好ましい順位			
	食べる前に生臭みの強い順位			
	食べて感じる生臭みの強い順位			
	煮魚として好ましい順位			

⑤考　察

① 　AとBの比較から明らかなったことは何か（魚を煮汁に入れる時期を考察する）。

② 　BとCの比較から明らかになったことは何か（しょうが汁を加える時期を考察する）。

③ 　調味料に魚を入れる時期やしょうが汁を加える時期が煮魚の味，におい，外観に及ぼす影響について考える。

⑤発　展

〔発展的実験〕

[材　料]　さばを3枚におろした切身約300 g，調味液①約110 g（魚約100 gの10％酒，10％しょうゆ，5％砂糖，85％水の混合液），調味液②約110 g（同10％酒，11％みそ（辛口），5％砂糖，84％水の混合液），調味液③約110 g（同10％酒，10％しょうゆ，5％砂糖，5％酢，80％水の混合液），しょうが（すりおろして，しょうが汁を用意）

　　注〕　煮汁110 gの塩分1.3％となるように，みその種類に応じて分量を調節する。

[方　法]　1．調味液①～③を調製して，本実験1.→2.→3. Bと同じ手順でさばを煮る。

　　2．本実験4. を行った後，においや味，外観を官能評価して，調味料の種類の違いが魚の生臭みに及ぼす影響を考える。

<参　考>

　煮魚は，しょうゆ味を基本とした煮汁の中で煮汁が少なくなるまで魚を加熱する調理である。魚の種類により，煮汁の味付けや加熱時間を変える。

　白身魚は淡泊な風味をいかすために味付けをうすくし，煮る時間も短時間とする。一方，うま味が強く，生臭みが強い赤身魚は，しょうゆ，酒，砂糖など濃厚な味付けにした煮汁の中で長めに加熱する。

　みそは焦げやすいので，魚のみそ煮では，調味液のみそを入れずに魚を煮て，煮汁が再沸騰してから，みそを溶き入れる方法もある。

　魚肉タンパク質には，水溶性の筋形質タンパク質と塩溶性の筋原繊維タンパク質，不溶性の肉基質タンパク質がある。筋形質タンパク質は筋繊維の間を充たしているが，凝固温度が比較的高い。煮汁と魚を同時に入れて加熱した場合は，沸騰した煮汁に魚を入れる場合よりもタンパク質の熱凝固が緩慢に進むため，筋繊維が加熱によって収縮する際に，凝固していない筋形質タンパク質が押し出されて，魚肉表面で凝固物として観察されることがある。

実験3　いかのテクスチャーに及ぼす加熱時間の影響

いかは，魚に比べて加熱による収縮が著しいので，短時間加熱が一般的である。いかを茹で，いか肉のテクスチャーが加熱時間により，どのように変わるのかを確認し，加熱時間とテクスチャーの関係を理解する。

⏎実験方法

材料 するめいか，または，やりいか1杯

器具 なべ2〜4個，穴じゃくし，秤(感量0.01g)

方法 1．いか胴部の外側の色がついている皮を取り除き，体軸方向に細長い5cm×2.5cmの長方形に12枚成形し，4群(各群3枚ずつ)に分ける。

2．各群のいかの総重量を測定する。

3．なべにいかの重量の50倍程度の湯を沸かし，いかを入れて茹でる[*1]。加熱後，直ちに穴じゃくしでいかを取り出し，表面の乾燥を防ぐためにラップで覆う。

A　いかを30秒間茹でる。

B　いかを1分間茹でる。

C　いかを5分間茹でる。

D　いかを30分間茹でる。(加熱中に湯が少なくなったら，沸騰している湯を足す)

4．各群のいかの総重量を測定し，茹で加熱後の重量減少率を求める(p.46参照)。

5．収縮の大きさ，噛み切り易さ，硬さを順位法により官能評価する。フリードマン検定により有意差検定を行う。

*加熱時間の長い試料Dから加熱し，その次に試料A〜Cを加熱すると，官能評価の際に，試料の温度がそろっていてよい。

⏎実験結果

いかの加熱時間とテクスチャー

試　料		A	B	C	D
生いか重量(g)					
加熱後いか重量(g)					
重量減少率(%)					
官能評価	収縮の大きい順位				
	噛み切りやすい順位				
	硬い順位				
	いかの味が強い順位				

⑤考　察

①　茹で時間によって，いかの重量減少率や収縮の様子はどのように変化したか（茹で時間と重量減少率，収縮の様子の関係を考察する）

②　茹で時間によって，いかのテクスチャーはどのように変化したか（いかのテクスチャーに及ぼす皮の影響を考察する）。

③　茹で時間がいかのテクスチャーに及ぼす影響を考える。

⑤発　展

〔発展的実験〕

1．本実験と同様に，いか胴部の外側の色がついている皮を取り除き，体軸方向に細長い5 cm × 2.5 cmの長方形を8枚用意する。

2．表皮に以下のような切り込みを5 mm間隔で入れ（各群2枚ずつ），1分間茹でて，いかの収縮やテクスチャーの違いを調べる。

A　表皮に直角に切り込みを入れる（かのこいか）。

B　表皮に斜め（左右両方）に包丁を寝かせて切り込みを入れる（松かさいか）。

C　表皮に体軸方向に平行に切り込みを入れる（縦の切り目いか）。

D　表皮に体軸方向に垂直に切り込みを入れる（横の切り目いか）。

<参　考>

　いかを加熱すると，表皮の3, 4層のコラーゲン線維が大きく収縮することにより，表皮側を内側にして丸くなる。これを防ぐために，いかに切り込みを入れて調理することがある。表皮の1, 2層を取り除いたいかの表皮側にそれぞれ直角および斜めに切り込みを入れて，表皮のコラーゲン線維を切断すると，加熱したときに内臓側の皮が収縮して，切り込みのとおり開いて，かのこ絞り，および松かさの模様に仕上がる。飾り切りの切り込みを入れる目的は，変形を防ぐためだけではなく，噛みきりやすくし，調味料が拡散しやすくするためでもある。

Column　　いか胴部の組織構造

　いかの胴部（外套膜）は，外側と内臓に接している内側が薄い皮で覆われている。外側の皮は，4層からなる。外側の皮のうち，2層は簡単にむけるが，3・4層はむきにくい。調理の際に取り除くのは，色がついている2層目までである。4層目のコラーゲン繊維は，筋肉に入り込むように密着している。このコラーゲン繊維は，強靭であり体軸方向に走っている。いか胴部を加熱すると，体軸方向に丸まるのは，このコラーゲン繊維が著しく収縮するためである。

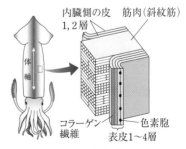

いかの胴部の構造

出典：松本美鈴：調理学（畑江敬子，香西みどり編），東京化学同人，141(2016)

〔魚介類〕　実験3　いかのテクスチャーに及ぼす加熱時間の影響　　*51*

鶏　卵

実験1　鶏卵の鮮度鑑別と各部の重量

◎目　的

鶏卵の鮮度が卵調理の出来ばえに影響するので，簡単な鮮度鑑別法の理解を深める。また，卵白・卵黄・卵殻重量割合を知り，調理用途に応じた材料の選択を理解する。

◎実験方法

材料　鶏卵(M)入手可能な範囲の新鮮卵 A と貯蔵卵 B 各1個(市販卵をできれば事前購入し，30℃ 5日間保存の卵を用意する)

器具　ガラス板(10 cm 角)2枚，50 mL ビーカー2個，三角定規(またはノギス)，ボウル(S，M)各2個，穴じゃくし，黄身取り器，ゴムべら，pH 試験紙(MR，TB，CR)

方法　1．鶏卵 A，B の重量を測る。丁寧に1個ずつボウル(S)に割卵し，黄身取り器を使って卵黄と卵白を分ける(卵白は，重量既知のボウルで受ける)。卵黄膜を破らないように注意して，卵黄をガラス板にのせ，30秒後に卵黄の高さ(H)と直径(W)を測り，卵黄係数($= H/W$)を求める(右図参照)。卵黄をガラス板から50 mL ビーカー(重量既知)に移し，卵黄重量を測る。重量既知のボウルで受けた，卵白重量(W_1)を測る。

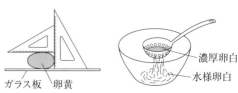

卵黄係数の測り方，濃厚卵白の分け方

2．重量既知のボウルに穴じゃくしを置き，そこに卵白を入れ，穴じゃくしを回しながら60秒後に穴じゃくしを通過した水様卵白の重量を測る。1.で計測した卵白重量(W_1)から水様卵白重量を差し引いて，濃厚卵白重量(W_2)を確認し，濃厚卵白率(％)($= W_2/W_1 \times 100$)を算出する。卵白を50 mL ビーカーにあけ，卵黄は卵黄膜をやぶり，それぞれの pH を測る。卵白は白濁しているか，透明感があるかよく観察する。

3．卵殻の重量も測る。

◎実験結果

新鮮卵と貯蔵卵の比較

鶏卵	卵重量(g)	卵黄高さH(mm)	卵黄直径W(mm)	卵黄係数	卵黄重量(g)	卵白重量(g)	水様卵白重量(g)	濃厚卵白重量(g)	濃厚卵白率(％)	卵白pH	卵黄pH	卵白の濁度	卵殻重量(g)
A													
B													

注〕　卵重量に対する卵白・卵黄・卵殻重量の割合を算出すること。

実験2 各種茹で卵の調製

◎目　的
　茹で卵は加熱温度と時間の設定で卵黄・卵白のゲル化状態の異なるものとなるので，調理用途に応じた茹で卵の調製を理解する。

◎実験方法
　|材料|　鶏卵(M)6個(実験の30分ぐらい前に冷蔵庫から出しておく)

　|器具|　なべ(径18 cm程度)，厚手の深なべ(径18 cm，深さ11 cm程度)，網じゃくし(穴じゃくし)，テーブルナイフ

　|方法|　1.　なべに卵5個(合計重量：(□)g)の3〜4倍(卵がかぶるくらい，たっぷり)の水(約20℃)を入れC，F以外の卵4個を入れて中火で加熱し，沸騰したところ(時間を記録)に卵1個(C)を網じゃくしを介して丁寧に追加で入れ，沸騰を保つ程度に火力を弱め，3分(A)，6分(B，C)，12分(D)，30分(E)後にそれぞれ卵を取り出し，たっぷりの水で5分間水冷する。水が減ってきたら，沸騰水を加える。

　2.　ソースパンなどの厚手の深なべに水を7〜8分目(卵の上に20〜30 mmかぶるくらい)入れ，68〜70℃に加熱し，網じゃくしを介して卵1個(F)を入れる。消火と点火で温度を保ち(68〜70℃)，30分後に取り出して5分間水冷する。

　3.　殻のひびの有無や形状の変化に配慮しながら，殻をむく(Fは殻を割る)。半分に切り，卵黄と卵白のゲル化状態，卵黄の色(卵黄周囲の色も観察)，風味を比較検討する。

◎実験結果
茹で卵のいろいろ　　A, B, D, Eが沸騰に至った時間(　)分(　)秒

試　料	卵の加熱開始	加熱時間	卵重量(g)	殻のむきやすさ	卵黄のゲル化状態, 色, 風味	卵白のゲル化状態, 色, 風味
A	水から	沸騰後 3分				
B	水から	沸騰後 6分				
C	沸騰後	開始後 6分				
D	水から	沸騰後12分				
E	水から	沸騰後30分				
F	68〜70℃	開始後30分				

◎考　察
①　加熱時間の延長に従い，卵白，卵黄のゲル化状態に違いが生じる理由を考える。

②　68〜70℃湯では，卵黄のほうが卵の内部にあるのに固まる傾向のある理由は何か。この卵を一般に何というか。

実験3 希釈卵液のゲル化とテクスチャー

⤳目　的

　鶏卵の調理では，だしや牛乳で希釈し，調味して器に入れ，加熱するものが多い。希釈
度の違いや調味料の種類によって，ゲルの性状はどのように変わるのかを確認し，希釈の
意味や調味料の役割を理解する。

⤳実験方法

[材　料]　鶏卵(M)2個，牛乳145g，だし(かつお3%)56g，食塩0.4g，砂糖14g，蒸留水

[器　具]　プリン型(アルミ)6個×2，ボウル(M)2個，ボウル(S)6個，万能こし器，ゴム
べら，塗り箸，蒸し器，バット，竹串，テーブルナイフ

[測定機器]　レオメーター(あるいは，その他の物性測定器)…卵のゲルの物性測定

[方　法]　1．卵2個を割りほぐして，泡立てないように万能こし器とゴムべらで裏ごし，
下表に従って，ボウル(S)にA～Fを計量する。

　2．下の材料配合表に従って各卵液を調製する。

　　①　液体(蒸留水，牛乳，だし)をプリン型に測り入れる。DとFに調味料を加え，十
分攪拌して溶かす。

　　②　1.でボウル(S)に計量した卵に①を加え，塗り箸[*1]で均一な状態になるまで攪拌
する。攪拌回数は試料Fの回数にそろえる。

材料の配合表　　　　　　　　　単位(g)

材　料(g)	A	B	C	D	E	F[*6]
卵	14.0	14.0	14.0	14.0	21.0	16.8
蒸留水	56.0		—	55.6	—	—
牛　乳	—	56.0	—	—	49.0	39.2
だ　し	—	—	56.0	—	—	—
食　塩	—	—	—	0.4	—	—
砂　糖	—	—	—	—	—	14.0

　3．蒸し器に6カップの水を入れ，沸騰したら一度火を止め，すぐに2.の試料A～F[*2]
を泡立てないように15回攪拌してから，プリン型(2個重ねて使用)にこぼさないよう
に全量を入れる。プリン型の卵液[*3]を手早く10回攪拌してから蒸し器に等間隔に並
べ，直ちに[*4]ふたをして温度計を中心に立てる。強火で1～2分間加熱して蒸し板直
上温度が85℃付近になったら弱火にし，85～90℃に達したのち，その温度を保って
12～15分間，Bが凝固するまで蒸す。火を止めて10分間蒸らす。

　4．蒸らし終わったら，冷水(氷水)を入れたバットに取り，30分間以上水冷する。

　5．レオメーター[*5]で物性を測定後，竹串を型の周囲に回し，皿にあけ，底面および側

面のす(すだち)の状態を観察してから2つに切り分ける。内部のす(すだち)の状態，

離しょうの有無・量を観察した後試食し，硬さ，なめらかさを比較する。

* 1 塗り箸は，かなけが出ず，吸水もしないので，混ぜる器具として好都合である。
* 2 A～Fを同時に撹拌できない場合，卵，砂糖の割合が高いEとFは最後に撹拌する。
* 3 A～Fのプリン型にすべて入れたら，泡立てないように再度撹拌する。
* 4 卵，調味料が沈殿しないように，撹拌したものを並べたらすぐに加熱開始する。
* 5 レオメーターの代用として，竹串によるひずみ率の測定，その他の物性測定器を用いてもよい。
* 6 Fの卵と牛乳の比率は，Eと同じに1：2.3としている。

〈レオメーターの測定条件〉

プランジャー：15 mmφ，表面から20 mm 進入時の破断応力(N/m²)を測定する。

〈簡便法〉 竹串によるひずみ率の測定：皿に出して30秒後にbを測定

$$ひずみ率(\%) = \frac{a - b}{a} \times 100$$

ひずみ率の測定方法

⑤実験結果

希釈液の種類と調味料の影響

試　料	A	B	C	D	E	F
すの状態 (底面および側面)						
すの状態(内部)						
離しょう程度						
硬　さ						
なめらかさ						
破断応力(N/m²)						
a)中央高さ(mm)						
b)30秒後高さ(mm)						
ひずみ率(%)						

注〕 文章で簡潔に表現する。すだちの多さや硬さの順位をつけてもよい。
　　 卵，食塩，砂糖濃度を算出するとよい。

⑤考　察

① A，B，Cの比較から明らかになったことは何か(希釈液の影響を考察する)。

② A，Dの比較により明らかになったことは何か(食塩の影響を考察する)。

③ E，Fの比較から明らかになったことは何か(砂糖の影響を考察する)。

④ B，Eの比較から明らかになったことは何か(卵濃度の影響を考察する)。

実験4　卵の起泡性と泡の安定性

◎目　的

　全卵，卵白，卵黄は撹拌すると泡沫をつくるが，ここでは卵白の泡立てにおける添加物（砂糖，レモン汁，サラダ油）および温度の影響を確認し，泡立て程度の指標と安定性の測定方法を理解する。

◎実験方法

[材　料]　鶏卵同鮮度(M)5個，上白糖(卵白の50%)，レモン汁(卵白の5%)，サラダ油(卵白の5%)

[器　具]　ボウル(径21cm程度)5個，ハンドミキサー，ろうと台3組，20mLメスシリンダー5本，8cm径ろうと5個，ゴムべら，5cm径シャーレ，すりきり用へら

[測定機器]　電子天秤

[方　法]　1．泡の安定性の測定装置を準備する(次ページ図参照)。シャーレの重量を測る。

　2．卵1個を丁寧に割卵して，重量既知のボウルに卵白を取り分ける。卵白の重量と温度を記録し，ハンドミキサーを止めた状態で泡立てないように20回*撹拌(卵の鮮度により回数を調整)して濃厚卵白と水様卵白を均一な状態にする。

　3．A…ハンドミキサーを止めた状態で10回撹拌してから高速で2分(機種により加減)角が立つ程度に泡立てる。泡をシャーレに隙間がないように，手早くつめ，表面をすりきって重量を測り，あとで6.に従って比重を計算する。

　　残りの泡をろうとに移し(移す前後でボウルごと重量を測り，ろうとに入れた泡重量を算出する)，泡の上に軽くラップを置き，10分ごとに離しょう量を読みとる。

　　離しょう量と，ろうとに入れた泡重量から，離しょう率を算出する。

$$離しょう率(\%) = \frac{離しょう量(mL)}{泡重量(g)} \times 100$$

　4．B，C…方法2.に従ってボウルに卵白を用意し，上白糖またはレモン汁を加える。D…ボウルにサラダ油を薄く塗ってから，方法2.に従って卵白を用意する。それぞれAと同様に泡立て，計測する。

　5．E…方法2.に従って卵白を用意し，約50℃の湯に浮かべ，ゴムべらで泡立てないように底から混ぜながら，卵白が40〜45℃になるまで温める。湯にボウルを浮かべたまま，Aと同様に泡立て，計測する。

　6．方法3.のシャーレに蒸留水を内径で表面張力がつく程度入れ，水の重さを測る(W)。

　　　比重＝泡の重量$(g)/W(g)$

　＊方法2.で卵白を撹拌する回数は，A〜Eでそろえる。

↺実験結果

卵白の起泡性に及ぼす添加物・温度の影響

試　料		A無添加	B上白糖 (卵白の50%)	Cレモン汁 (卵白の5%)	Dサラダ油 (卵白の5%)	E卵白 40〜45℃
卵白の重量(g)						
卵白の温度(℃)						
シャーレ重量(g)						
シャーレ＋卵白重量(g)						
シャーレ＋水重量(g)						
比　重						
ろうとに入れた泡重量(g)						
離しょう量 (mL)	10分後					
	20分後					
	30分後					
離しょう率 (%)	10分後					
	20分後					
	30分後					

↺考　察

①　泡の比重 A，B，C，D の比較から明らかになったことは何か。

②　泡の比重 A と E の比較から明らかになったことは何か。

③　離しょう率の観察から明らかになったことは何か。

↺発　展

〔発展的実験〕

　　添加物として卵黄(卵白の1%)，バター(卵白の5%)，食塩(卵白の1%)，を加える実験を行うのもよい。

　　SDGs：比重および離しょう量を計測後の卵白は，パンケーキなどに活用する。

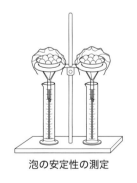

泡の安定性の測定

　　卵白泡が入ったボウルとゴムべらの合計重量を測ってから，ゴムべらで泡をろうとに移し，再度ボウルとゴムべらの合計重量を測って，ろうとに入れた泡重量を算出する。ラップはふんわりとのせる。泡の流動性が高く，ろうとに移した泡がメスシリンダーに入るような場合は，泡の下の離しょうした部分の目盛を読みとる。

実験5　卵黄の乳化性

◎目　的

　マヨネーズは，卵黄の乳化作用を利用した調理であるが，卵の鮮度，油の添加量，添加速度，撹拌回数などによって，途中で分離することがある。この実験では油の添加速度（1回に加える油の量）の影響を確認し，安定したエマルションを形成するためのマヨネーズの調製方法とその理論を理解する。

◎実験方法

材　料　1単位分（卵黄10g，食塩1g，食酢5g，サラダ油36g）を2単位分（どちらの材料も，室温程度の同じ温度のもの）を用意する。

器　具　ほうろうボウル（またはガラスボウル：径15～18cm程度）2個，計量スプーン大小各1本，茶せん型泡だて器（ハンドミキサー，木べらでもよい。その場合の撹拌回数は適宜設定する），ストップウォッチ，ガラス容器（または100～150mLビーカー），スライドグラス3枚

測定機器　光学顕微鏡

方　法　1．ボウルに食酢を測り，食塩を加えて，食塩が溶けるまでよく混ぜる。卵黄を加えて，泡立て器で60秒間撹拌する。

　2．大さじ1杯分の油を，少量（大さじ1/6程度）入れて10秒間撹拌[*1]を繰り返して入れる。ここで，スライドグラスに極少量とり[*2]，100倍で顕微鏡観察する。さらに大さじ1杯分の油を少量（大さじ1/6程度）入れたら10秒間撹拌を繰り返して入れ，全量の油が入ったら，さらに30秒撹拌して完了とする。

　　　仕上がったものを顕微鏡観察する。……A

　3．1.と同様に，食酢，食塩，卵黄を撹拌する。

　　　大さじ1の油を一度に入れたら，30秒間撹拌を繰り返し，全量の油が入ったら，さらに30秒間撹拌して完了とする。……B

　　　乳化している部分（白濁している部分）を極少量とり，2.と同様に顕微鏡観察する。

　4．AとBを適量スプーンにとり，油っこさや塩味の感じ方，粘りを比較する。残りのAとBをガラス容器に移して静置し，経過を観察する（容器に移した直後，5分後，15分後）。

　　　＊1　つくりやすさや調製時間を比較するので，AとBは撹拌速度を一定にして注意深く行う。撹拌速度は2回/秒とする。
　　　＊2　カバーガラスを置くと油滴がつぶれるので使用しないが，3条件の比較だけならば使用してもよい。

↺実験結果

油の添加方法の影響

マヨネーズ調製時間	A(　　分　　秒)		B(　　分　　秒)
サンプリング時期	大さじ1の油添加後	仕上がり時	仕上がり時
顕微鏡観察			
試食：油っこさ，塩味の感じ方			
静置観察(直後，5分後，15分後)			

↺考　察

① 油の添加速度がマヨネーズの性状に及ぼす影響は何か。

② 仕上がったマヨネーズ(A)のエマルションはW/OとO/Wのどちらか。

③ 卵黄の乳化に関与する成分は何か。

↺発　展

1. 卵黄型マヨネーズのほかに，全卵型マヨネーズも利用されており，それぞれの一般的な商品名(メーカー)や食品成分などを確認する(実験の卵黄の分量を，全卵に置き換えてつくるのもよい)。

2. 豆乳を用いたマヨネーズも調製されるが，乳化に関わる成分や用途を考える。

3. 分離したマヨネーズの直し方を確認する。

① 分離したマヨネーズを静置し，浮いた油をスプーンで取り分ける。

② 卵黄1/2個(または市販のマヨネーズ小さじ2)の中に，①で分けた油以外のものを小さじ1ずつ加えて30秒間撹拌を繰り返す。

③ 取り分けた①の油を小さじ1ずつ加えて30秒間撹拌を繰り返し，最後に30秒間撹拌する。

SDGs：つくったマヨネーズを料理に活用する。AとBで料理の仕上がりを比較してみるとよい。

コールスローサラダ
　　きゃべつ，にんじん，ピーマン，ハムをせん切りにし，材料の0.5〜0.6%の食塩で下味をしてしばらく置き，水けをきってマヨネーズ(材料の15〜20%)で和える。

ポテトサラダ
　　じゃがいも，にんじんを茹でて，0.3%の食塩とこしょうで下味をしてさまし，塩もみしたきゅうり，さらしたまねぎと合わせて，材料の15〜20%のマヨネーズで和える。

乳・乳製品

実験1 牛乳の加熱による膜形成，加熱臭

❂目　的

　牛乳を温める場合，撹拌せず加熱すると皮膜を形成する。この膜は牛乳に含まれるたんぱく質と脂質で，たんぱく質が熱によって固まる性質をもつために起こる現象である。また，たんぱく質が熱で変化し，特有の加熱臭を帯びる。これらの要因を理解する。

❂実験方法

　材料　牛乳180g

　器具　厚手の小なべ，皿(小2枚，中2枚)枚，計量スプーン

　方法　1．牛乳は約20gを小皿にとる。……A

　2．小なべに残りの牛乳と温度計を入れ，弱火で加熱して表面の皮膜の出来はじめる温度を測定する(温度計は，なべの縁から2cmぐらい内側に入れてなべ底につかないようにし，動かさない)。なべ表面に皮膜が形成した温度を確認し，菜箸ですくいとり皿に広げる。……B

　3．2.の小なべをもう一度火にかけ，皮膜が表面に出来はじめる温度，表面に膜が形成した温度を確認し，2.と同様の操作を行う。……C

　4．すくい取った2枚の皮膜の厚さ，破れやすさ，食感を比較する。

　5．Aの牛乳とCの加熱終了時の牛乳のにおい，味，口触りを比較する。

❂実験結果

加熱による膜形成と加熱臭

方法	皮　膜			
	皮膜の出来はじめの温度	膜形成温度	状　態	食　感
B				
C				

方法	牛　乳		
	におい	味	口触り
A			
C			

❂考　察

　膜はなぜ形成されるか，また初めての膜と再加熱による膜の組成は同じか。

実験2 カッテージチーズの調製

⚙目 的

　カゼイン(特に等電点で溶けにくくなる特性をもった,たんぱく質)は普通の加熱では凝固しないが,等電点(pH4.6)付近になると凝固する。牛乳に酸を添加し,その影響を観察する。

⚙実験方法

　[材 料]　牛乳400g(あるいは,脱脂粉乳32gを水に溶かして400gにしたもの),レモン汁35g(あるいは食酢40g)

　[器 具]　500mLビーカー,50mLメスシリンダー,なべ,ガラス棒,ストレーナー,ボウル,さらしふきん

　[測定機器]　pHメーター

　[方 法]　1．牛乳とレモン汁のpHを測る。

　2．ビーカーに牛乳を入れ,静かに混ぜながら,湯煎で45〜50℃に温める。

　3．レモン汁を一度に加え,ガラス棒で全体を軽く混ぜ,pHを測定する。

　4．40〜45℃を保って10〜15分間静置する。

　5．ストレーナーにさらしふきん(水でぬらし,かたく絞っておく)を敷いて,重量既知のボウルの上にのせて置き,カード(白いもの)が完全に分離し,上部が透き通ってきたら,流し入れてこす。

　6．ボウルの液体の重量を測る。……(乳清)　官能評価用に一部をとっておく。

　7．200gの水をボウルに入れ,その中で5.のふきんで包んだカードを軽くもみ洗いし,ストレーナーの上に20分間放置して水を切る。重量を測る。……(カッテージチーズ)

　8．乳清やカッテージチーズの色,におい,味,テクスチャーを確認する。

⚙実験結果

カッテージチーズの調製と性状

牛乳のpH：(　　　　　　)　レモン汁のpH：(　　　　　　)　レモン汁添加後のpH：(　　　　　　　)

調整＼性状	重 量(g)	色	におい	味	テクスチャー
乳 清					
カッテージチーズ					

⚙考 察

　①　牛乳がカード化するpHでは,どんな変化がみられるか。

　②　カッテージチーズとヨーグルトの相違点は何か。

実験3　各種クリームの泡立て

○目　的

クリームの種類や泡立て温度により，泡立て時間，オーバーランや保形性に差異がみられるので，その違いを比較し，理解する。

○実験方法

[材　料]　乳脂肪のクリーム200g，植物性クリーム100g(いずれも脂肪含量35～47％で，同一含量，できれば同一メーカーのもの)，氷，ホイップクリーム(市販品チューブ入り)10g

[器　具]　ステンレス，または，ほうろうボウル(径21cm)3個，ボウル(24cm)2個，泡立て器3本，シャーレ(径3cm)，すりきり用へら，テーブルナイフ，竹串，小皿，絞り出し袋(ポリ袋10×20cmでも代用可)2個，口金(星型)2個

[測定機器]　電子天秤

[方　法]　1．2種のクリームをそれぞれボールに計り入れる。静かに混ぜ，均一にして各大さじ1を小皿にとり，におい，色，味を比較する。

2．乳脂肪クリームは2等分し，一方は氷水で5℃に冷やし，他方は15℃になるまで室温に放置する。植物性クリームも氷水で5℃に冷やしておく。

3．5℃の乳脂肪クリームは一部をシャーレ(一つを繰り返し洗って使用)に隙間がないように入れ，一定容量の重量を測る。

4．5℃の乳脂肪クリームは氷水で冷やしながら，デコレーション用としてちょうどよい状態まで泡立てる(泡立て時間を計測する)。……A

5．Aの一部を3と同じシャーレに隙間がないように入れ，すりきって重量を測る。

6．オーバーランを求める。

$$オーバーラン(\%) = \frac{X(g) - Y(g)}{Y(g)} \times 100$$

X：一定容量のクリーム重量(g)
Y：同一定容量のホイップクリーム重量(g)

7．Aを口金をつけた絞り出し袋に少量(大さじ2～3)入れ，皿の上に5cm長さに絞り出し，絞り目の状態(絞り目のシャープさや色など)を直後，および室温30分間放置後に観察する。残ったAは試食用として冷たく保存する。

8．室温に放置した乳脂肪クリームは15℃になったら，デコレーション用としてちょうどよい状態まで泡立てる(泡立て時間を計測する)。……B

9．5.～6.と同じ操作を行う。

10．9.をボウルに戻し，バターミルクが分離するまで泡立てる。分離開始時の泡立て追加時間を記録する。分離したバターミルクを重量既知の容器に移しながら分離が完全に終了するまで泡立て続け，回収したバターミルク重量を測る。

11. 分離したバターを40℃湯煎に入れ，なめらかなクリーム状になったら，湯せんからはずし（溶かさないこと），バターミルクを少しずつ加えながら，泡立て器でよく撹拌して，全部入れ終えたら，さらに1分間よく撹拌する。……C

12. 5.〜6.と同じ操作を行い，残ったCは試食用として冷たく保存する。

13. 植物性クリームは3.〜7.と同様の操作を行う。……D

14. A，C，Dのホイップクリームなどを試食し，におい，色，味を比較する。

実験結果

クリームの泡立て

項　目	A 乳脂肪5℃	B 乳脂肪室温 （　　℃）	C バタークリーム	D 植物性5℃
シャーレ重量(g)				
シャーレ +クリーム重量(g)				
シャーレ+ホイップ クリーム重量(g)				
オーバーラン(%)				
泡立て時間(分・秒)				
ホイップクリームなど	A	C	D	
におい				
色				
味				

絞り出したホイップクリームの観察　　　室温(　　℃)

経　過	A	D
絞った直後		
30分間室温放置後		

＊絞り目のシャープさや外観に注意する。

考　察

① 乳脂肪クリームを泡立てる時の温度の違いがオーバーランや食味に及ぼす影響は何か。

② 5℃でホイップする場合，乳脂肪クリームと植物性クリームの泡立て易さや食味に及ぼす影響は何か。

③ 分離したクリームは，最初のエマルションタイプ（水中油滴型）に戻すことは可能か。

発　展

〔発展的実験〕

近年，豆乳を原料とした豆乳クリームが市販されている。これを用いて方法1，3.〜7.と同じように泡立て実験を行い，乳脂肪クリームと植物性クリームとで泡立て時間，オーバーラン，食味などに違いがあるかを比較する。

D 成分抽出素材に関する実験

この章では，植物性食品から抽出された成分で，それ自体が一つの食材として広く使われているものを取り上げた。食品中に一成分が独立した食材として使われるのは特別な価値があるわけで，その食材の特性と，どのような理化学的特徴をもつ食べ物ができるのかを理解する。

でん粉

実験1　でん粉の種類とゾル・ゲルの特性

🖎目　的

食品素材のでん粉は，水と加熱することで糊化する。この糊化温度，透明度，粘度は，でん粉の種類によって異なる。それぞれのでん粉の特性を理解する。

🖎実験方法

材料　じゃがいも，とうもろこし，小麦(浮き粉)，くず(本葛)の各でん粉26 g

器具　なべ(厚手，15 cm) 4個，木べら4個，200 mL メスシリンダー，駒込ピペット，トールビーカー(200 mL) 4個，ビーカー(50 mL)，あるいは60 mL PET カップ2個 × 4組，皿4枚，スライドグラスとカバーグラス4個，ヨウ素ヨウ化カリウム溶液，またはヨードうがい薬(でん粉染色用)

測定機器　粘度計(B 型またはコーンプレート型)，あるいは LST 板または10 mL ディスポシリンジ[*1] 4本，レオメーター(物性測定器)，あるいは小ナイフ[*2]，顕微鏡

[*1]　「日本摂食嚥下リハビリテーション学会　学会分類(とろみ)早見表2021の注3」，あるいは本書の「増粘剤の利用」p.114，または「さといものぬめり」p.32を参照。

[*2]　物性測定ができない場合は，ゲルを皿に出し，皿ごとゆすって弾力を比較し，小ナイフで切りこみを入れたときの硬さなどで気づいたことを記録してもよい。

<でん粉の種類と粘度>

1. あらかじめ，なべと温度計と木べらを一組にして重量を測る。
2. なべにでん粉6 gと水200 gを入れてよく混ぜる。
3. トールビーカーに移し，でん粉懸濁液の粘度が水と大きな違いがない様子を観察する。透明度も目視観察する。極少量のでん粉液をスライドグラスに採取する。
4. 3.をなべに戻し，中火で静かになべ底を撹拌(1回転/秒)しながら加熱する。途中，なべ底にとろみが出はじめた温度を記録し，直ちに，なべ底から極少量のでん粉液を

スライドグラスに採取する。

5．90℃に達したら消火し，トールビーカーに移し，70℃，および20℃の粘度と透明
度を観察，および測定，比較する。スライドグラスにでん粉液を採取する。

6．スライドグラスに採取したでん粉は，いずれもヨウ素ヨウ化カリウム溶液を滴下し
てカバーグラスをかけ，光学顕微鏡(10×10倍)によりでん粉粒の形状を観察する。

<でん粉の種類とゲル>

1．あらかじめ，なべと温度計を木べらを一組にして重量を測る。

2．なべにじゃがいも，またはとうもろこしでん粉20gと水190gを入れてよく混ぜる。

3．中火で静かになべ底を撹拌(1回転/秒)しながら加熱する。途中，とろみが出はじ
めた温度を記録し，85℃，200gに仕上げる。不足する場合は，熱湯を加水する。火
から下ろして，60回撹拌を続ける。

4．3.を水でぬらした50mLビーカーに高さ20mmまで入れ，20℃の水中で1時間冷却
し，ゲル化させる。レオメーターで破断応力(N/m²)を測定する。……測定用ゲル

5．残りの3.も別のビーカーに入れ，ゲル化後，皿にあけて透明度，硬さ，付着性，
弾力，切り口の状態を比較する。……観察用ゲル

◎実験結果

でん粉の特性

条件／でん粉			じゃがいも	くず	小麦(うき粉)	とうもろこし
ゾル	顕微鏡観察	加熱前				
		とろみが出はじめる温度(　℃)				
		90℃まで加熱				
	透明度	生でん粉				
		90℃まで加熱				
	粘度	70℃				
		20℃				
ゲル		とろみが出はじめる温度(　℃)				
		破断応力(N/m²)				
		観察				

◎考　察

①　透明度の高いでん粉の原料植物の貯蔵部位はどこか。

②　透明度の低いでん粉の原料植物の貯蔵部位はどこか。

③　同一植物のでん粉ゾルとでん粉ゲルの性状の違いを比較する。

④　調理に用いられているでん粉の種類と濃度を調べてまとめる。

ゼラチン，カラギーナン，寒天

実験1 砂糖添加の影響

ᔐ目 的

　　紅藻類由来の寒天やカラギーナン，および動物の結合組織由来のゼラチンは，ゲル化食材として，デザートに使われる。添加する砂糖の量が甘味だけでなく，各ゲルの性状やテクスチャーに影響することを理解する。

ᔐ実験方法

　[材 料]　粉寒天1.5g，ゼラチン4g，砂糖70g，氷（放冷用）

　[器 具]　粉寒天用なべ3個，湯せん用なべ，ゴムべら，ゼラチン用200mLビーカー2個，プリン型（または60mL PETカップ）15個，ふたつき冷やし箱（またはバット2つ），スプーン5個，皿5枚

　[測定機器]　レオメーターなどの物性測定機器

　[方 法]　1．なべおよびビーカーは，重量を測る。

　　2．ゼラチンの湯せん用なべに60〜80℃の湯を用意する。以下の手順で，配合表に従い試料を調製する。仕上がりはすべて100gとし，不足する場合は加水する。

配合表(g)

実験名 / 添加物		水	ゲル化食材	砂　糖	仕上がりの重量合計
ゼラチンゲル	対　照	約100	2	0	100
	砂糖10%	約90	2	10	100
寒天ゲル	対　照	約100	0.5	0	100
	砂糖10%	約90	0.5	10	100
	砂糖50%	約50	0.5	50	100

　　3．ゼラチンゲルの調製は，ビーカーに水を入れ，ゼラチンをふり入れて10分間膨潤後，湯せんで煮溶かす。砂糖添加試料はゼラチンが溶けてから砂糖を加えて煮溶かす。

　　4．寒天ゲルの調製は，なべに水を入れ，粉寒天をふり入れて10分間膨潤後，直火で沸騰させて煮溶かす。砂糖添加試料は寒天が溶けてから砂糖を加えて煮溶かす。

　　5．それぞれ，あら熱をとって，用意したプリン型3つそれぞれに，硬さの測定用45g，離しょう測定用30g，少量の残り（約15g）を最後のプリン型に入れ，氷水を入れた冷やし箱で冷却する。寒天液は，40℃以下になると，なべの中で凝固するため気をつける。

　　6．45gのゲルは，硬さの測定を行う。

7. 30 g のゲルは，型に入れたまま，室温に放置して30分後，2時間後の離しょうの有無を観察する。

8. 少量のゲルは，型から出して，透明感や弾力を観察し，試食用試料として，硬さ，口どけ，甘さを比較する。

注） 硬さの測定は，レオメーターの場合は，「希釈卵液のゲル化とテクスチャー」p.55を参照し，破断試験を行う。あるいは，2 cm 角に試料を切り，圧縮試験を行う。物性測定ができない場合は，「でん粉の種類とゾル・ゲルの特性」の注*2 p.64を参照。離しょう水は，ゼリー型を傾け，分離液の有無や分量を目視により比較する。あるいは，ろうとにプリン型を裏返し，ゲルからの分離液が接するように置き，ろうとの先に置いたメスシリンダーに貯まった液量を調べる。ゼラチンゲルを型から出すために湯せんに入れて温めるとゼラチンが溶解するため，型に入れたまま測定する。

実験結果

ゲル化食材の種類と砂糖添加によるゲルの性状

実験名 / 項目		透明度	硬さ	弾 力	口どけ	甘 さ	物性測定値	離しょう状況
ゼラチンゲル	対 照							
	砂糖10%							
寒天ゲル	対 照							
	砂糖10%							
	砂糖50%							

考　察

① 寒天ゲルの砂糖濃度が増えるとゲルの透明感やテクスチャー，離しょう，甘さに影響があったか。その理由についても考察する。

② ゼラチンゲルの砂糖濃度が増えるとゲルの透明感やテクスチャー，離しょう，甘さに影響があったか。その理由についても考察する。

③ 砂糖濃度10%の寒天ゲルとゼラチンゲルの甘さは異なっていたか。その理由についても考察する。

④ 各ゲル化食材（カラギーナンも含め）の原料，溶解温度，ゲル化（凝固）温度，融解温度，その他調製上の留意点などの違いをまとめる。

⑤ ゲル化食材の種類によるゲルの性状と砂糖のゲルに及ぼす影響について考える。

発　展

〔発展実験1〕

κ-カラギーナンと寒天ゲルを同濃度で調製し，比較する（κ-カラギーナンゲルの調製法はp.70方法5.を参照）。

〔発展実験2〕

それぞれのゲル化食材の調理に適した濃度を調べる。粉寒天および，κ-カラギーナンは0.5〜1.5%の濃度，ゼラチンは2〜4%の濃度で本実験同様に調製し，比較する。

実験2 牛乳・果汁添加の影響

◌目　的

ゼラチン，寒天などのゲル化食材に，牛乳や果汁を添加することがあるが，それらが各ゲルの性状やテクスチャーにどのように影響するかを理解する。

◌実験方法

[材　料]　ゼラチン8g，粉寒天2g，砂糖10g，牛乳80g，柑橘果汁(pH4未満)120g，氷（放冷用）

[器　具]　湯せんなべ，ゼラチン用200mL ビーカー4個，粉寒天用なべ4個，ゴムべら，プリン型24個，ふたつき冷やし箱（またはバット2つ），スプーン8本，皿8枚

[測定機器]　レオメーターなどの物性測定機器，pH メーター

[方　法]　1．なべ，およびビーカーは重量を測る。果汁の pH を測定する。

2．ゼラチン用には湯せんなべに60〜80℃の湯を用意する。以下の手順で，試料の配合表に従い試料を調製する。仕上がりはすべて100gとし，不足する場合は蒸発分を加水する。

試料の配合重量(g)と添加順

試　料	記号	添加物		①液　体		②ゲル化食材	③砂糖	④最　後	仕上がりの重量合計
				水（加水量）	液状食品				
ゼラチンゲル	A	対　照		88(約90)	—	2	10	必要に応じて加水	100
	B	牛　乳		48(約50)	牛乳40	2	10		100
	C	果汁	先	58(約60)	果汁30	2	10		100
	D		後	58(約60)	消火後	2	10	果汁30(必要に応じて加水)	100
寒天ゲル	E	対　照		89.5(約90)	—	0.5	10	必要に応じて加水	100
	F	牛　乳		49.5(約50)	牛乳40	0.5	10		100
	G	果汁	先	59.5(約60)	果汁30	0.5	10		100
	H		後	59.5(約60)	消火後	0.5	10	果汁30(必要に応じて加水)	100

3．ゼラチンゲルの調製は，ビーカーA〜Dに①液体を入れ，②ゼラチンを2.0gふり入れて10分間膨潤後，湯せんで煮溶かす。③砂糖を加えて煮溶かす。Dは最後に④果汁を加える。

4．寒天ゲルの調製は，なべE〜Hに①液体を入れ，②粉寒天を0.5gふり入れて10分間膨潤後，直火で沸騰させて煮溶かす。③砂糖を加えて煮溶かす。Hは60℃まで冷まし，④果汁を加える。

5. それぞれ，あら熱をとって，用意したプリン型3つに，硬さの測定用として45g，離しょう測定用として30g，残った少量の液を試食用としてプリン型に入れ，氷水を入れた冷やし箱で冷却する。寒天液は，40℃以下になると，なべの中で凝固するため気をつける。

6. 45gのゲルは，硬さの測定を行う。

7. 30gのゲルは，型に入れたまま，室温に放置して30分後，2時間後の離しょうの有無を観察する。

8. 少量の試食用試料は，型から出して，透明感や弾力を観察し，硬さ，口どけ，甘さを比較する。

⑤実験結果

牛乳，果汁添加のゲルの性状

試 料	記 号	添加物		硬 さ	弾力性	口どけ	甘 さ	物性測定値	離しょう状況
ゼラチンゲル	A	対 照							
	B	牛 乳							
	C	果 汁	先						
	D		後						
寒天ゲル	E	対 照							
	F	牛 乳							
	G	果 汁	先						
	H		後						

⑤考　察

① 牛乳の添加の影響を対照と比較して考える。

② 果汁のpHは，果汁添加ゲルにどのような影響を与えたか。

③ 果汁の添加時期は，それぞれのゲルにどのような影響を与えたか。

⑤発　展

1. κ-カラギーナンについてもゲル化食材濃度0.5％に設定し，寒天同様に実験して，比較する（κ-カラギーナンゲルの調製法はp.70方法5を参照）。

2. 実験2と発展1.で明らかになったことから，ゼラチン，寒天，κ-カラギーナンゲルへの添加物の影響を整理する。

実験3　ゼラチンゲルへのたんぱく質分解酵素の影響

⤳目　的

　　果汁，あるいは色鮮やかな果肉入りのゼリーは，デザートに用いられている。たんぱく質分解酵素を含む果物の添加が，ゼラチンおよび κ-カラギーナンゲルへ及ぼす影響について理解する。

⤳実験方法

　[材　料]　ゼラチン6 g，κ-カラギーナン（または寒天）1.5 g，砂糖60 g，たんぱく質分解酵素を含む果物（グリーンキウイ）　120 g

　[器　具]　小なべ2，中なべ，湯せんなべ，プリン型12個，冷やし箱，またはバット2枚

　[方　法]　1．小なべは，重量を測る。

　2．果物は，皮をむき，7 mm 角に切る。半量（60 g）は，プリン型4個に15 gずつ均等に入れ，生果物とする。残りの60 gは，沸騰水のはいった中なべに入れ，再沸騰後1分間加熱して取り出し，加熱果物試料としてプリン型4個に4等分しておく。

　3．ゼラチンの溶解用に，湯せんなべに60～80℃の湯を用意する。以下の手順で，試料の配合表に従って，試料を調製する。仕上がりはすべて300 gとし，不足する場合は蒸発分の水を補う。

試料の配合表(g)

試料名 / 添加物		煮溶かす水	ゲル化食材	砂糖	仕上がりの重量合計	果物7 mm 角	ゾル分注
ゼラチンゲル	対　照	約270 (約90%)	6 (2%)	30 (10%)	300 (100%)	－	45×2
	生果物					生 15×2	45×2
	加熱果物					加熱 15×2	45×2
カラギーナンゲル	対　照	約270 (約90%)	1.5 (0.50%)	30 (10%)	300 (100%)	－	45×2
	生果物					生 15×2	45×2
	加熱果物					加熱 15×2	45×2

　4．ゼラチンゲルの調製は，約270 gの水を入れた小なべに，ゼラチン6 gをふり入れて10分間膨潤後，小なべごと湯せんで煮溶かす。その後砂糖も加えて煮溶かす。

　5．κ-カラギーナンゲルの調製は，カラギーナン1.5 gを砂糖30 gと合わせ，約270 gの水を入れた小なべにふり入れて10分間膨潤後，小なべごと直火で微沸騰させて煮溶かす。

　6．煮溶かした液は，あら熱をとり，それぞれ6等分して45 gずつ，プリン型6個に注ぐ。2個は生果物入り，2個は加熱果物入り，残り2個は対照である。いずれも氷水入りの冷やし箱で，30分間冷やす。

7. いずれのゲルも凝固の様子を観察し，試食を行って硬さなどのテクスチャーについて比較する。

⑤実験結果

たんぱく質分解酵素を含む果肉のゲル化への影響

試料 / 項目		凝固の様子	テクスチャー
ゼラチンゲル	対　照		
	生果物		
	加熱果物		
カラギーナンゲル	対　照		
	生果物		
	加熱果物		

⑤考　察

① それぞれのゲル化食材の主成分は何か。

② 生果物と加熱果物は，何がゼラチンゲルの形状保持に影響したと考えるか。

③ 生の果物のゼラチンゲル，あるいはカラギーナンゲルへの影響をまとめる。

④ 果物のたんぱく質分解酵素の名称を文献で調べてみよう。

⑤発　展

1. キウイ以外に，たんぱく質分解酵素を含むいちじく，パパイヤ，パイナップル，しょうがなどのみじん切り，あるいは絞り汁を添加して，ゲル化の影響について調べる。

2. きのこにもたんぱく質分解酵素が含まれている。デザートの食材ではないが，まいたけ，あるいはぶなしめじのみじん切りを生と加熱した状態のものを用意し，本実験のキウイ同様に，ゲル化食材に添加して，ゲル化への影響について調べる。

<参考>

　粉ゼラチンに水を加えるとだまになりやすい。そのため，溶解用の水に粉ゼラチンを少しずつふり入れて吸水膨潤させ，その後湯せんで溶解させるのが基本的な溶解方法である。また，吸水膨潤させた後，直火にかけ，65℃以下で撹拌しながら溶解させる方法もある（p.112参照）。一方近年，市販品では，80℃以上の湯などに直接粉ゼラチンをふり入れて溶解させると指示されているものもある。

　直火で沸騰を継続すると，ゼラチンたんぱく質が低分子化し，ゲルがゆるくなり硬さが低下する。また，p.68のように，酸性の添加物と共に加熱溶解した場合は，たんぱく質の低分子化が顕著に起こり，ゲルの形成能に影響を与える。

砂　糖

実験1　砂糖溶液の加熱による変化

⤳ 目　的

　　砂糖溶液は加熱により濃度が高くなり，状態は段階的に変化する。色・かおり，状態の変化を観察し，砂糖の調理加工への適性を理解する。

⤳ 実験方法

　　＜フォンダン，砂糖衣＞

|材　料| グラニュー糖50 g×5，ピーナッツ40 g

|器　具| 小なべ，50 mL メスシリンダー，スライドガラス，カバーガラス

|測定機器| 顕微鏡

|方　法| 　1．小なべにグラニュー糖50 gと水20 gを入れ，弱火で加熱する。106℃になったら火からおろし手早くへらでかき混ぜ，とろりとした状態になるまでの時間を測る。少量を皿にとり，固まった状態のフォンダンについて，外観，食味について官能評価する。……(A)

　2．1．と同様に106℃の砂糖液をつくり，40℃に冷ましてからかき混ぜ，できたフォンダンについて1．と比較する。……(B)

　3．加熱温度112℃，120℃についても1．と同様にフォンダンをつくり，できたフォンダンについて1．と比較する。……(C), (D)

　4．同様に115〜117℃まで加熱し，ピーナッツを入れて火からおろし，手早くかき混ぜながら冷ます。……(E)

　5．それぞれのフォンダンを少量スライドガラスにのせ，顕微鏡で観察する。

⤳ 実験結果

フォンダン，砂糖衣の官能評価

試　料	撹拌時間	結晶の状態						顕微鏡観察
		外　観			食　味			
	（　分　秒）	色	つ　や	き　め	硬　さ	口どけ，舌ざわり	甘　さ	（倍率）
A　106℃								
B　106℃→40℃								
C　112℃								
D　120℃								
E　115〜117℃								

<あめ，抜糸，カラメル>

材料 グラニュー糖250g，食酢10g

器具 小なべ，50mL メスシリンダー

方法 1．グラニュー糖50gと水25gをなべに入れて弱火で140℃まで加熱し，火からおろし少量を皿にとる(あめ)。小なべに残った糖液は，冷めると糸を引くので，その温度を測定し，箸2本に糸を巻きつけながら抜糸の要領を会得する(銀糸)。

2．グラニュー糖50gと水25gを小なべに入れて弱火で160℃まで加熱し，火からおろし少量を皿にとる(あめ)。小なべに残った糖液は，冷めると糸を引くので，その温度を測定し，箸2本に糸を巻きつけながら抜糸の要領を会得する(金糸)。

3．同様にグラニュー糖50gと酢10gと水5gを小なべに入れて1.2.同様に銀糸と金糸を作成する。

4．小なべにグラニュー糖50gと水25gを入れ静かに加熱し，香ばしいかおりとカラメルとして最適と思う焦げ色に達する温度(170～190℃)まで加熱し，すぐに少量の湯を加えて溶かし，カラメルソースにする。

⟲実験結果

あめ，抜糸，カラメルの観察

試料 ＼ 加熱温度	あめ(結晶状態)		抜糸(糸を引きはじめる温度)		カラメル
	140℃	160℃	140℃	160℃	180℃
糖＋水					
糖＋水＋食酢					

⟲考 察

① 砂糖液の加熱温度と状態から，それぞれに適した用途(調理食品)を考える。

② 出来上がった製品に対する，加熱温度の影響について考察する。

③ 砂糖衣をつくるときのピーナッツを加える時期(砂糖液の温度)の影響を考える。

④ 食酢を添加することの意味は何か。

⟲発 展

〔発展的実験〕

上記方法4. カラメルをつくる工程で砂糖液の中央に温度計をセットする。100℃，106℃，110℃，120℃，140℃，160℃，180℃の温度ごとに加熱時間を記録する。砂糖の泡立ち，かおりを観察し，それぞれ小さじ1/2程度ずつ大皿の上に落とし，色の変化，流れやすさを観察する。

嗜好飲料

実験1 緑茶のいれ方―緑茶の種類と抽出条件

⏎目　的

　　緑茶には，せん茶，玉露，青茶，ほうじ茶などの種類があり，それぞれの茶葉に適した湯の温度や抽出時間がある。ここではせん茶と玉露について，抽出条件の異なる茶汁の色，かおり，味を調べ，それぞれの茶葉に適した抽出方法を理解する。

⏎実験方法

　　[材　料]　せん茶6g×3，玉露8g×2
　　[器　具]　200mLビーカー5個，300mLビーカー5個，湯せん用なべ，茶こし，試飲用カップ（紙コップ小）5個，ガラス棒，アルミホイル（ふた用）6枚
　　[方　法]
　　＜せん茶の評価＞
　　1．300mLビーカーに，下の表に従って，95〜100℃（A），80℃（B），60℃（C）の湯を200mLずつ用意し，せん茶をいれてアルミホイルでふたをし，60秒間抽出する。
　　2．抽出終了後，直ちに茶汁を茶こしでこして200mLビーカーにとる。
　　3．茶汁のはいったビーカーを湯せん用なべに入れて茶汁温度を約60℃にそろえた後，ガラス棒でかき混ぜ，液を均質にしてから試飲用カップに注ぐ。
　　4．色，かおり，味（渋味，甘味，うま味），総合的な好ましさについて，順位法による官能評価を行う。結果はフリードマン検定により有意差検定を行う。
　　＜玉露の評価＞
　　5．下の表に従って，せん茶と同様の操作を行い，2点試験法による官能評価を行う。結果は2点試験法のための検定表を用いて有意差検定を行う。

茶葉の抽出条件

試料	茶の種類	茶葉の量(g)	抽出時間(秒)	湯温(℃)	湯量(mL)
A	せん茶	6	60	95-100	
B	せん茶	6	60	80	
C	せん茶	6	60	60	200
D	玉　露	8	120	80	
E	玉　露	8	120	60	

〔抽出の際の注意〕
茶こしが抽出液の液面につかないようにする。
茶こしの水きりの方法などを，試料間でそろえる。

⑤実験結果

せん茶の官能評価(順位法)

湯　温	色の濃い順	かおりの強い順	渋味の強い順	甘味の強い順	うま味の強い順	総合的に好ましい順	その他気づいたこと
A：95〜100℃							
B：80℃							
C：60℃							

玉露の官能評価(2点試験法)

湯　温	色の濃い方	かおりの強い方	渋味の強い方	甘味の強い方	うま味の強い方	総合的に好ましい方	その他気づいたこと
D：80℃							
E：60℃							

注〕 好ましさは両側検定，その他は片側検定を行う。

⑤考　察

① せん茶と玉露の官能評価結果から，それぞれの茶葉に適した抽出条件を考える。

② 日常，および流儀として茶をいれる一定の作法がある。その作法を調べ，合理性について考える。

③ 抽出条件による呈味成分の溶出割合(下図)と，玉露，せん茶の一般化学成分含有量(下表)を参考にして，せん茶，玉露の好ましい抽出条件について考察する。

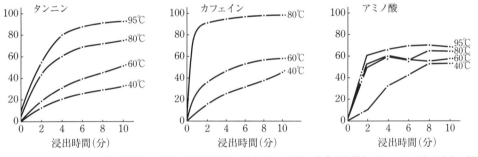

池田重美ら：煎茶の浸出条件と可溶成分との関係，茶業研究報告，37，69-78(1972)を一部改変

茶の種類	等　級	全窒素(%)	カフェイン(%)	全遊離アミノ酸(mg/100 g)	テアニン(mg/100 g)	粗タンニン(%)
玉　露	上級	6.31	4.04	5,360	2,650	10.78
せん茶	上級	5.48	2.87	2,700	1,280	14.70

池ヶ谷賢次郎：『茶の科学』，p.85 朝倉書店(1991)を一部改変

⑤発　展

せん茶の量や抽出時間を変えて実験し，茶葉にあった適切な抽出条件を考える。

実験2 紅茶のいれ方―紅茶の種類と特徴, 抽出液のクリームダウン

⑤目 的

　紅茶は多くの種類があり風味や特徴が異なる。また, 抽出液を冷却した際, 白濁現象がみられることがあり, これをクリームダウンという。ここでは茶葉の種類による抽出液の特徴の違いを知ると共に, 抽出液のクリームダウンについて理解する。

⑤実験方法

材料　ダージリンオレンジペコ(OP)8 g(4 g×2), ダージリンブロークンオレンジペコ (BOP) 8 g(4 g×2), ウバブロークンオレンジペコ(BOP)*8 g(4 g×2), 氷 100 g×3
　　　*ダージリン(BOP)はダージリン(OP)を乳鉢で粉砕して用いるとよい。

器具　300 mL ビーカー3個, 200 mL ビーカー6個, 100 mL ビーカー6個, 茶こし3個, 試飲用プラスチックカップ(小)6個, アルミホイル(ふた用)6枚

方法

<紅茶液>

1. 熱湯をいれてあらかじめ温めておいた300 mL ビーカー3個の熱湯を捨て, 3種類の茶葉4 gを入れてA, B, Cとし, 200 gの熱湯を注ぎ, ふたをして3分間抽出する。
2. 茶こしでこし, 観察用として50 gを100 mL ビーカーに取り分け, 残りは試飲カップに注ぐ。
3. 試飲用は冷めないうちに, 水色, かおり, 渋みを比較する。
4. 観察用は室温まで放置しながら, 白い濁り(クリームダウン)が生じはじめた温度を記録する。常温で濁りが観察されない場合は, 氷水で冷却していく。

<アイスティー液>

1. 3種のアイスティー用の氷100 gずつをラップフィルムなどに包み, 冷凍庫に入れておく。
2. 温めておいた200 mL ビーカー3個にa:ダージリン(OP), b:ダージリン(BOP), c:ウバを4 gずつ入れ, 100 gの熱湯を注ぎ, ふたをして3分間抽出する。抽出中に, 別の200 mL ビーカー3個に氷を100 gずつセットする*。
3. a, b, cの抽出液を茶こしでこしながら氷の入った200 mL ビーカーに手早く注ぐ。
4. 3種のアイスティーについて, 観察用として50 gを100 mL ビーカーに取り分け, 水色や濁り(クリームダウン)の有無を観察する。残りは試飲カップに注ぎ, 試飲して風味を比較する。
5. 紅茶液, アイスティーの6種の観察用試料のうち, クリームダウンが生じたものはビーカーにラップをかけ, 電子レンジで再加熱した後, 濁りの状態を観察する。
　　*氷が溶けないよう, ビーカーに氷を入れるタイミングに注意する。

▷実験結果

産地別紅茶の特性と冷却による変化

＜紅茶液＞

項　目 ＼ 種　類	A	B	C
産　地	インド	インド	スリランカ
名　称	ダージリン	ダージリン	ウバ
サイズ	OP	BOP	BOP
抽出条件	茶葉4gに200mLの熱湯，3分間		
水　色			
かおり			
渋　み			
濁りはじめの温度(℃)			

＜アイスティー液＞

項　目 ＼ 種　類	a	b	c
水色，濁り			
風　味			

＜クリームダウン後の再加熱＞

クリームダウンが生じた抽出液の記号	再加熱後の濁りの状態

▷考　察

紅茶葉の種類による特徴やクリームダウンの様子についてまとめる。

① 紅茶葉の種類による特徴を水色やかおり，味について比較する。

茶葉の種類による影響(B‐C)，茶葉のサイズの影響(A‐B)

② クリームダウンの形成される条件や抑制する方法について考える。

▷発　展

1．紅茶の飲み方として，ストレートの他にミルクや砂糖を加えることも多い。その場合の茶葉の適性や抽出の条件について調べる。

2．レモンを入れると，紅茶の水色が酸の影響により薄く変化する。レモンを加える場合の茶葉の適性について調べる。

3．茶葉の産地やグレード，形状と抽出液の特徴について調べる。

4．紅茶の製造方法について調べ，緑茶との違いを考える。

E

調理操作と加熱機器に関する実験

この章では，種々の調理操作による食品重量や状態の変化を理解する。さらに合理的な調理を行うためには，熱源や加熱機器の特質を理解し，適切に使いこなす必要がある。電子レンジと熱源，なべについて，その特徴を理解する。

浸漬・加熱

実験1 食品の重量変化率

⑤目 的

食品重量は調理過程で変化し，栄養素量も変化する。浸漬と加熱調理による食品の重量変化を理解し，食品成分表値と比較する。

⑤実験方法

＜きゅうりの塩漬け＞ （1％と3％塩分）

材 料 きゅうり1本(100g程度)，塩1.6g

器 具 ポリ袋，ペーパータオル

方 法 1．きゅうりは可食部を1cm厚みの輪切りにし，40gずつポリ袋に2つ測る。

2．きゅうりの1％または3％の食塩を測り，それぞれポリ袋に入れて，よく撹拌し，空気を抜くように口を閉め，20分間塩漬けする。

3．きゅうりを袋から取り出し，きゅうり表面の水分をペーパータオルでふき取り重量を測定し，重量変化率を算出する。

4．1％塩分の塩漬けと3％塩分の塩漬けの塩味を比較し重量変化率との関係を考える。

＜煮 物＞

材 料 豚もも肉薄切り80g，にんじん中1本，たまねぎ中1個，だし(加熱前の総重量の40％)，しょうゆ(同0.8％塩分)，砂糖(同2.5％糖分)

器 具 なべ(直径18cm)，落としぶた，ペーパータオル

方 法 1．にんじんは乱切り，たまねぎは，くし型切り，豚肉は3cm長さに切る。それぞれの加熱前重量を測定し総重量を求めて，だし，調味料重量を算出する。

2．なべにだし，調味料，にんじんを加え，落としぶたをして中火で10分間加熱する。たまねぎを加え，弱火で10分間煮る。最後に豚肉を加えて5分間加熱する。

3．材料のみ取り出し，それぞれ表面の付着水を紙でふきとり，材料別に重量を測定し，重量変化率を算出する。

4．それぞれ食べて，煮物としての煮え具合(特にやわらかさ)が適切かどうか確認する。

＜ほうれんそうのお浸し＞

[材料]　ほうれんそう100g，しょうゆ(ほうれんそう加熱前重量の0.8％塩分)，だし(しょうゆと同量)

[器具]　なべ，ボウル，ペーパータオル

[方法]　1．ほうれんそうは，根を削除した後，重量を測定してから，水洗いする。

2．ほうれんそうの5倍重量の水をなべに入れ沸騰させ，ほうれんそうを2分間茹でて取り出し，水に1分間浸けて冷やす。

3．お浸し用に水分を絞り，さらに紙で表面の付着水を軽く削除し，重量を測定し，重量変化率を算出する。

4．3cm長さに切って，しょうゆ・だしで和えて食べる。お浸しとして，適切な食感となっているか確認する。

$$重量変化率(\%) = \frac{調理後重量(g)}{加熱前重量(g)} \times 100$$

⤴実験結果

きゅうりの塩漬けの重量変化率

きゅうり	生重量(g)	浸漬後重量(g)	重量変化率(%)	重量変化率(%)食品成分表値	塩味の程度
1%塩分					
3%塩分					

煮物，ほうれんそうのお浸しの重量変化率

材　料	加熱前重量(g)	加熱後重量(g)	重量変化率(%)	重量変化率(%)食品成分表値	テクスチャー評価
豚　肉					
にんじん					
たまねぎ					
ほうれんそう					

⤴考　察

① それぞれの重量変化率の実測値と食品成分表値とを比べる。

② 調理後食品の食品成分表値から，各試料の主要な栄養素の調理損失を求める。

③ 栄養素量の適切な評価のため，調理後の食品成分表値を用いた方がよい食品を検討する。

④ 調理に伴う食品の重量変化を把握し，調味パーセントの設定，栄養素量把握に活用する。

調　味

実験1 濃度と調味パーセント，調味パーセントの利用

◎目　的

　　調味パーセントは，実用性を重視し，濃度の計算とは異なる方法で調味料重量を求める。ここでは，調味パーセントを用いた計算方法と料理の調味パーセントの標準値を理解する。

◎実験方法

　＜濃度と調味パーセントの計算の比較＞

　|材　料| 蒸留水，食塩1.2g

　|器　具| ボウル

　|方　法| 　1．0.6％食塩濃度の溶液を100g調製する。水99.4gに食塩0.6gを加える。

　　2．調味パーセントが0.6％塩分の溶液を調製する。水100gに食塩0.6gを加える。

　　3．2種の溶液の塩味を比べる。

濃度と調味パーセントの計算方法は

　　方法1のように通常の物質濃度は総重量の中での割合を示す。

$$本来の調味料濃度（\%）＝\frac{調味料重量（g）}{材料合計量（g）＋調味料重量（g）}×100$$

　しかし，調理をする際に上記計算を行うことは，きわめて煩雑となる。

　そこで材料重量，または汁の液体重量に対する割合として「調味パーセント」の用語・計算方法が用いられる。

$$調味パーセント（\%）＝\frac{調味料重量（g）}{材料合計量（g）または\ 汁の場合は液体重量（g）}×100$$

「調味パーセント」として

　塩分パーセント：％塩分（食塩・しょうゆ・みそなど），食塩以外はそれぞれの食塩相当量を用いて，食塩量を換算する。

　糖分パーセント：％糖分（砂糖・みりん（砂糖の1/3の甘さとみなす））

　その他：食酢，油，でん粉，酒，だし，などの調味パーセントも同じ方法で活用される。

　＜塩味：みそ汁＞

　|材　料| 　だし600g（水720g，かつおぶし12g，こんぶ6g，0.1％塩分とみなす），絹ごし豆腐150g，葉ねぎ3本，信州みそ（みそ汁の塩味を，液体重量に対して0.6％塩分，0.8％塩分，1.0％塩分とする。みその食塩相当量は，使用するみその栄養素表示を使用する）

　|器　具| 　小なべ3個

方法　1．葉ねぎは小口切り，豆腐はサイコロ切りにしてそれぞれ3等分する。

2．だしは200gずつなべに測り，それぞれ0.6％塩分A，0.8％塩分B，1.0％塩分Cのみそ汁になるように，みそ重量を計算し，計量する。

3．だしにみそを入れよく溶いてから，ねぎと豆腐を加え火にかけ，沸騰したら火を止める。A，B，Cはガス3台を使用して同時に仕上げる。

4．3種のみそ汁は，ほぼ同じタイミングで味をみて，最も好ましい塩味を選択する。

<油：野菜炒め>

材料　ピーマン5個（正味重量300g），油（ピーマンに対して2％の油，5％の油，7％の油），塩（ピーマンに対して0.8％塩分）

器具　フライパン3個

方法　1．ピーマンは縦に切ってから種を除き，5mm幅程度の縦のせん切りにし，100gを3つ準備する。

2．同じサイズのフライパンに油を直接測り入れ，油を熱したらピーマンを炒め，最後に食塩を0.8％塩分で味付ける。炒める操作は，同じ人が同じ火加減で3種類つくる。

3．炒め終えたら，直ちにフライパンから皿に移し，官能評価をする。

◎実験結果

塩味：みそ汁　　　　　　　　みそ汁の塩分パーセント評価

調味パーセント	最も好ましい塩味を選択	みそ汁の塩味の感想
0.6％塩分：みそ　　（g）		
0.8％塩分：みそ　　（g）		
1.0％塩分：みそ　　（g）		

油：野菜炒め　（すべて0.8％塩分）　野菜炒め油調味パーセント評価

調味パーセント：	最も好ましい炒め物を選択	野菜炒めの油っこさの感想
2％油：油　　（g）		
5％油：油　　（g）		
7％油：油　　（g）		

◎考　察

①　みそ汁として好ましい塩味の塩分パーセントはどれか。

②　野菜の油炒めとして好ましい炒め油の，調味パーセントはどれか。

　　注〕　調味パーセントの数値根拠
　　　　　食品成分表の野菜炒めの油の調味パーセント：5％油
　　　　　国民健康栄養調査のみそ汁の塩分パーセント：0.8％塩分・1％塩分

ホームフリージング

実験1 凍結前下処理の影響

♻目 的

　ホームフリージングは，食品を有効利用するために保存期間を延長し，変質・腐敗を抑制する方法の一つである。しかし，食品によっては冷凍することで激しい品質劣化が起こるものや，加熱後冷凍する方が適している食品もある。食品をおいしく食べるために，冷凍に適しているのはどのような食品か，また，どのように下処理して冷凍すればよいかを理解する。

♻実験方法

[材 料]　こんにゃく，木綿豆腐，ほうれんそう，じゃがいも，ごぼう，りんご，食塩，しょうゆ，砂糖，だし，油

[器 具]　なべ数個

[方 法]　1. あらかじめ（例えば，前の週），下記の材料を表に従って下処理しトレーや調理皿など（あれば金属製のもの）に重ならないように並べ，ラップ・ビニール袋などにまとめて入れて平らな形にし，密閉して家庭用冷凍庫で凍結しておく。

下処理方法と凍結・解凍時間，解凍後の処理

材　料	記号	分量	下処理	解凍後の処理	目安凍結時間	目安解凍時間
こんにゃく	A	200 g	2 cm 角に切る	1%塩分のしょうゆ，3%糖分の砂糖，50%のだしで5分間煮る	1.5～2時間	1.5～2時間
木綿豆腐	B	200 g	2 cm 角に切る	1%塩分のしょうゆ，3%糖分の砂糖，50%のだしで5分間煮る	1.5～2時間	1.5～2時間
ほうれんそう	C	100 g	洗浄後，4 cm 長さに切る	0.5%塩分の塩と4%の油で炒める	0.5～1時間	0.5～1時間
	D	100 g	洗浄し10倍量0.5%塩分の湯で30秒間茹でる	0.5%塩分の塩と4%の油で炒める	0.5～1時間	0.5～1時間
じゃがいも	E	100 g	皮をむき，1 cm 角に切る	0.5%塩分のしょうゆ，3%糖分の砂糖，50%のだしで5分間煮る	1時間	1時間
	F	100 g	皮をむき，1 cm 角に切り，10倍量0.5%塩分の湯で3分間茹でる	0.5%塩分のしょうゆ，3%糖分の砂糖，50%のだしで5分間煮る	1.5時間	40分～1時間
ごぼう	G	100 g	洗浄後，1 cm 輪切りにする	1%塩分のしょうゆ，3%糖分の砂糖，50%のだしで10分間煮る	1時間	40分～1時間

材　料	記号	分量	下処理	解凍後の処理	目安凍結時間	目安解凍時間
ごぼう	H	100 g	洗浄後，1 cm 輪切りにし，10倍量0.5％塩分の湯で5分間茹でる	1％塩分のしょうゆ，3％糖分の砂糖，50％のだしで10分間煮る	1時間	40分～1時間
りんご	I	150 g	皮をむき，1 cm 厚さのくし型に切り，水15 mLと砂糖15％で15分間煮る	無処理	40分～1時間	40分～1時間
	J	150 g	皮をむき，1 cm 厚さのくし型に切る	15％砂糖で15分間煮る	1.5～2時間	20分

注〕解凍の終点の目安は，中心部分まで凍結がとけてやわらかくなっていること。

2．解凍時間を考慮して冷凍庫から凍結試料を出し放置し室温で解凍する。

3．解凍後の処理が必要なものは表に従って処理をする。

4．出来上がった試料について，下記の調査票を用い，5段階評点法で官能評価を行う。

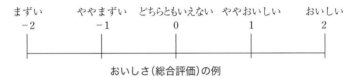

おいしさ（総合評価）の例

〔評価用語〕　**外　観**　わるい，ややわるい，どちらともいえない，ややよい，よい

におい　弱い，やや弱い，どちらともいえない，やや強い，強い

味　弱い，やや弱い，どちらともいえない，やや強い，強い

テクスチャー　硬い，やや硬い，どちらともいえない，やややわらかい，やわらかい

おいしさ（総合評価）　まずい，ややまずい，どちらともいえない，ややおいしい，おいしい

⚲実験結果

ホームフリージングにおける下処理法の違いの影響

記号	各自の評価点数					グループの平均					試食して気づいたこと
	外　観	におい	味	テクスチャー	おいしさ（総合評価）	外　観	におい	味	テクスチャー	おいしさ（総合評価）	
A											
B											
C											
D											
E											
F											
G											
H											
I											
J											

実験2 卵の冷凍・解凍の影響

⑤目　的

卵について，生で冷凍後の調理か，調理後の冷凍か，どちらが適しているか理解する。卵は卵白と卵黄の成分組成が異なることから，解凍時の状態も大きく違う。冷凍卵の利用方法も考察する。

⑤実験方法

[材　料]　鶏卵6個，油

[器　具]　フライパン直径24～26 cm 程度のもの1枚(薄焼き卵用)，20～24 cm のもの1枚(目玉焼き用)(なければ同じサイズのフライパンでよい)，ボウル5個

[方　法]　1．B，C，D，F は前日までに冷凍し，当日自然解凍する。

2．それぞれ卵1個を使用し，下記の A，B，C，D の4種類の薄焼き卵をつくる。卵は全量を入れるので，少し厚めの薄焼き卵ができる。

　注〕　加熱前に，卵液を撹拌してできる範囲で均一にしてから焼く。

A：新鮮卵を用いた薄焼き卵

B：ボウルに割卵し，そのまま(卵白卵黄を混ぜない)ラップで密閉して冷凍・自然解凍したものを用いた薄焼き卵

C：ボウルに割卵し，卵白と卵黄をよく混ぜ，ラップで密閉して冷凍・自然解凍したものを用いた薄焼き卵

D：新鮮卵を薄焼き卵にし，ラップで密閉して冷凍・自然解凍したもの

3．それぞれ卵1個を使用し，小さじ2杯(8 g)の油で2種類の目玉焼きをつくる。卵黄が完全に凝固するまで加熱し，加熱に要した時間を計測する。

E：新鮮卵を用いた目玉焼き

F：B と同様に割卵し，そのまま(卵白卵黄を混ぜない)冷凍・解凍した卵を用いた目玉焼き

4．薄焼き卵と目玉焼きについて，官能評価を行う。同時にそれぞれの卵について気づいたことを記録する。外観，かおり(卵の臭い)，テクスチャー(やわらかさ・ゴワゴワ感)，味(卵の風味)など。加熱に要した時間はどうか。

①　薄焼き卵は順位法で評価する。好ましいと思う順に順位をつけ，フリードマン検定により，有意差検討を行う。

②　目玉焼きは，どちらが好ましいかを各自選び，実験を行った複数のグループ，またはクラスのデータをまとめ，2点嗜好法のための検定表を用いて検定し，分析する。

③　薄焼き卵 B と目玉焼き F を比較してみる。

⑤実験結果

薄焼き卵として好ましい順位

班員名前	A	B	C	D
順位合計				

好ましい目玉焼き

目玉焼き	自分の評価	好ましいと答えた人数	検定結果
E（新鮮卵を用いた）			
F（冷凍卵を用いた）			

⑤考　察

① 卵の冷凍は，どんな条件で行うとおいしく食べられるか。

② 卵白と卵黄それぞれの冷凍保存の条件には，どのようなことが考えられるか。

注〕 フリードマン検定を行わない場合は，順位合計が小さいほど高評価であると考え，考案してもよい。ただし統計的に有意であることは確認できない。

⑤発　展

食品名	冷凍前の処理	利用できる調理
根菜（だいこん・れんこんなど）	皮をむき，切る	煮物など加熱調理
青菜（ほうれんそう・小松菜など）	茹でて絞り，3～4cmに切る	炒め物，みそ汁などに。お浸しなどにはやや筋っぽい
豆　腐	切る	煮物や汁物に。食感は生とまったく異なる
かぼちゃ，さといも	切って硬めに茹でる（レンジでもよい）	煮物に
たまねぎ，なす	たまねぎはみじんに，なすは薄切りにして油で炒める	煮物，煮込み料理に
じゃがいも	マッシュポテトにする	グラタンやポテトサラダ，スープに。電子レンジ解凍するとよい
しょうが，レモン	汁を絞って液体状にする	下味や香りづけ，ジュースなどに
生クリーム	砂糖を加え泡立てる	菓子類の飾りやコーヒーなど飲料に

　上記の表は，下処理後ホームフリージングが可能な食材の例である。ほかにも，下処理後に冷凍可能な食材，冷凍後調理に工夫をすれば，おいしく食べられる食材は数多くあるので調べてみる。

電子レンジ

実験1　加熱の原理と食品の硬化現象

↻目　的

　　電子レンジ加熱は従来の加熱法と比較すると，食品の種類や状態によって加熱されやすさが異なり，さらに食品によっては硬化現象が起こる。電子レンジの発熱の原理を理解し，従来の加熱法との違いについて理由を考える。

↻実験方法

　　材料　じゃがいも(120 gぐらい) 2個，氷100 g(1.5〜2 cm角ぐらい)，水，ロールパン4個

　　器具　200 mLビーカー4個，なべ

　＜加熱のされ方＞　(電子レンジ加熱と茹で加熱の比較)

　　方法　1．じゃがいもAの皮をむき，2つに切って電子レンジ加熱用(A①，A②)とする。このとき，じゃがいもの目(くぼみ)や芽はとらない(角や鋭角な箇所をつくらないようにする)。

　　　　　いもは1つずつラップで包み，切り口を下にして電子レンジの中央に1個置き，A①は30秒間，A②は50秒間加熱する(600 W)。

　　　　2．じゃがいもBの皮をむき，2つに切って茹で加熱用(B①，B②)とする。沸騰水中に2切れのじゃがいもを入れ，B①は1分30秒後，B②は3分後に取り出す(一般に，じゃがいもを茹でるときは水から入れる場合が多いが，本実験では，熱が伝わる過程をみるために，熱湯に入れる。茹で加熱中にいも上部が湯から出ないように気をつける)。

　　　　3．加熱後はすぐにそれぞれ半分に切り図のように置き，30分間放置する。

　　　　　30分後に色を観察し，熱の伝わり具合を考察する(加熱されない部分は生いもと同じ色，透明感のある部分は80℃以上，黒っぽくなっている部分は40〜55℃になっている)。

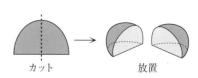

カット　　　　　放置

　＜加熱されやすさ＞

　　方法　1．200 mLビーカーに水100 gを入れ，温度を測る。

　　　　2．ビーカーを電子レンジ内の中央に置き，600 Wで1分間加熱する。

　　　　3．加熱終了後，直ちに取り出してよく混ぜ，温度を測定し，上昇した温度を計算する。

　　　　4．氷，冷たい水(5℃以下)，約50℃の温水についても，上記1.〜3.と同様の実験を行う。氷を加熱している最中は，レンジ内のビーカーの様子も観察する。

<パンの硬化現象>

方法 1．ロールパンを1個ずつ電子レンジ内に直接置き，次のように電子レンジ600W で加熱する；A，加熱しない：B，10秒間加熱：C，30秒間加熱：D，60秒間加熱

2．それぞれのパンの加熱直後の外観を観察し，触った感じを評価する。

3．30分後に2つに切り，中の状態を観察し，触った感じを評価する。

⮌実験結果

加熱むら

加熱条件	電子レンジ加熱		茹で加熱	
	30秒	50秒	1分30秒	3分
試料名	A①	A②	B①	B②
じゃがいもの色 （スケッチする）				

加熱されやすさ

試　料	はじめの温度(℃)	加熱後の温度(℃)	上昇した温度(℃)
水			
氷			
冷水			
温水			

パンの硬化現象

試　料	加熱法	直後の状態	30分後の状態
A	加熱なし		
B	10秒間加熱		
C	30秒間加熱		
D	60秒間加熱		

⮌考　察

① じゃがいもの加熱結果から，電子レンジ加熱と茹で加熱で加熱のされ方の違いについて考える。

② 氷と水で上昇温度が異なるのはなぜか。冷水と温水の結果も合わせて考える。

③ 氷を電子レンジで加熱している最中，ビーカー内の様子はどうであったか。
その結果から，冷凍食材を電子レンジで加熱する際の留意点について考える。

④ パンの変化からわかることは何か。パン生地の硬さ，焦げ方の特徴から考える。

実験2 電子レンジ加熱と通常加熱との比較

↺ 目 的

　電子レンジでは，いろいろな加熱調理を行うことができるが，従来の加熱法と同様の仕上がりにならない調理品もある。加熱した食品の味や状態が異なることを，カップケーキとほうれんそうの茹で加熱で比較して，電子レンジの特徴を理解する。

↺ 実験方法

　材料　薄力粉120g，ベーキングパウダー5g，卵85g，砂糖70g，バター35g，水50g，ほうれんそう300g

　器具　ボウル，紙製カップケーキ型(容量150mL程度)6個，泡立て器，ゴムべら，1Lメスシリンダー1本，小なべ，キッチンペーパー

＜ケーキをつくる＞

　方法　1．薄力粉とベーキングパウダーを混ぜて2回ふるっておく。

　2．ボウルに卵を溶き，砂糖を加え，泡だて器で白くもったりするまで撹拌する。

　3．2.に1.の粉と水を加えてゴムベラで混ぜる。

　4．3.に，熱々の溶かしバターを加え，均一になるまで混ぜ，バッターをつくる。

　5．バッターをケーキ型6個に50gずつ入れる。4個はふんわりラップをする(ケーキがケーキ型の縁より高く盛り上がるので，それを妨げないように高くふんわりと覆う)。

　6．5.のうちラップをしていない2個は，予熱したガスオーブン180℃(電気オーブン200℃)で15分間焼く。

　7．5のうちラップをした2個は，一緒に電子レンジ(600W)で1分間加熱する。残りのラップをした2個は一緒に，電子レンジで2分間加熱する。

　8．出来上がったケーキは，ケーキ型から丁寧に取り出す。各ケーキの形状，きめ，色，におい，味，テクスチャーを比較し，加熱方法の違いによる影響を考察する。電子レンジ加熱ケーキは，時間経過による変化も考察する。

＜ほうれんそうを茹でる＞

　方法　1．ほうれんそうを洗って水をふき取り，100gずつ3つ(A～C)に分ける。

　2．Aはラップで包み，電子レンジ600Wで1.5分間加熱する。終了後直ちにざるに広げ，あおいで冷やし，重さを測る。

　3．BはAと同様に電子レンジで加熱後，直ちに約3Lの水に3分間浸ける。終了後，2.と同じ重量になるように絞る。

　4．Cは，たっぷりの熱湯で2.と同じ時間茹でる。終了後直ちにざるに広げ，あおいで冷やし，2.と同じ重量になるよう軽く絞る。

　5．A～Cのほうれんそうの色，味，口ざわりを比較する。

⟲実験結果

ケーキの観察と官能評価

条　件	膨らみ，表面の状態	切り口のきめ	においと味
電子レンジ加熱1分			
電子レンジ加熱2分			
オーブン加熱15分			

ほうれんそうの官能評価

条　件	色	口ざわり	味
A．電子レンジ加熱			
B．電子レンジ加熱後，水に浸す			
C．茹で加熱			

⟲考　察

① ケーキの膨らみや表面の状態が異なるのはなぜか。

② ケーキの口ざわりや味に差が出たのはなぜか。

③ 電子レンジ加熱の場合，加熱後の時間経過に伴いケーキに差が出たのはなぜか。

④ ほうれんそうの味に差が出たのはなぜか。栄養成分の残存について予測できることは何か。

⑤ 電子レンジ加熱を有効に使う調理操作，調理例として何が考えられるか。

⟲発　展

〔発展的実験〕

　電子レンジでジャムをつくり，なべを用いたジャムと手間やおいしさを比較する。

1．キウイフルーツ2個（1個約100g）の皮をむき，A，Bとする。それぞれ重量を測定後，いちょう切りにする。

2．Aは大きめの電子レンジ対応皿，Bはなべに入れて，それぞれに砂糖30g，レモン汁5gを加え，フォークの背で粗くつぶす。

3．Aは電子レンジ（600W），Bはコンロでそれぞれ5分間加熱する。

4．出来上がったプレザーブスタイルのジャム*の重量を測定し，色，香り，煮つまり具合，手間を考え，少量のジャムづくりにおける電子レンジの活用について考察する。

　　*形の残った果実や果肉が入っているジャム

なべと熱源

実験1　なべと熱源の組合せによる温度上昇と保温性

⑤目　的

　なべは材質や形，厚さなどにより加熱のされやすさや保温性などが異なる。一方，熱源としては，ガスコンロが多く使用されているが，電気をエネルギー源とする加熱機器の使用も増えている。なべの特徴と熱源との関係を理解して，目的に応じて，なべを使い分けることができるようになることを目的とする。

⑤実験方法

　材料　水

　器具　ガスコンロ(2,400 kcal/h(2.8 kW)程度のもの)，IHヒーター(電磁調理器，最大1.4 kW)，電気コンロ，1 Lシリンダー，支持台，ステンレスなべ，ほうろうなべ，薄手のアルミニウムなべ，土なべ，中華なべ(できるだけ直径の類似したものを準備する。薄手のアルミニウムなべはアルマイトなべがよい)，各なべのふた

1．なべの重さを計測する(ふたの重さを入れない)。熱容量を計算する。
2．なべに1 Lの水を入れ，温度計を水の中心にセットして水温を確認する[*1]。
3．各コンロの強火で加熱をして，水の温度が85℃になるまでの時間を測定する。
4．なべをコンロから下ろしてふたをする。30分間そのまま放置した後[*2]，水の温度を測定する。
5．1.〜3.の実験をどのなべでも行う[*3]。4.の実験は，いずれかの熱源において行う。
6．なべの各材質の熱伝導率，熱容量から，温度上昇および保温性の大小を推察することができる。実験結果と照らし合わせて考察する。

　　＊1　いずれのなべにおいても最初の水温は同じにする。
　　＊2　ステンレス台の上に直接置く。ぬらした台ふきんの上には置かない。
　　＊3　同じコンロで行う。五徳の温度を流水で下げるなど，加熱前の初期温度が同じになるようにする。

⑤実験結果

85℃になるまでの時間(分)

熱源　＼　なべの種類	ステンレスなべ	ほうろうなべ	アルミニウムなべ	土なべ	中華なべ
ガスコンロ					
IHヒーター					
電気コンロ					
熱伝導率 W/(m・K)	27.0	78.7	237.0	(陶器)1.0	80.3

なべの保温性

	ステンレスなべ	ほうろうなべ	アルミニウムなべ	土なべ	中華なべ
30分後の温度(℃)					
A：なべの重量(g)					
B：比熱(J/(g・K))	0.46	0.44	0.94	(陶器)1.05	0.47
A×B：熱容量(J/K)					

℧考　察

① 　なべによって85℃に達する時間が異なるのはなぜか。なべの材質の熱伝導率と比較してどうであったか。

② 　熱源によって85℃に達する時間が異なるのはなぜか*。

③ 　熱源により使えないなべがあるのはなぜか。

④ 　保温力に影響するのは，なべのどのような性質か。計算した熱容量の数値と比較してどうであったか。

⑤ 　どのような調理にどのようななべが適していると考えられるか。

＊熱源の出しているエネルギー量を算出する。ガスコンロが kcal/h で示されている場合は，1 kW = 860 kcal/h で換算する。

熱伝導率：一定の温度差のある一定距離を移動するエネルギーの量

$$[W/(m・K) = J/(s・m・K)]$$

　　　　熱の伝わりやすさを示し，値が大きいほど早く，その物質の温度が上がる。

熱容量：一定温度上昇させるために必要なエネルギー量[J/K]

　　　　比熱と質量(重量)を掛け合わせて求める。

　　　　値が大きいほど，その物質の温度が変化しにくいことを示す。

比　熱：一定重量を一定温度上昇させるために必要なエネルギー量[J/(g・K)]

熱効率：熱源が出したエネルギーがどの程度利用されたかを示す値

　　　　(利用したエネルギー量/供給したエネルギー量))×100[%]

出典：新編　熱物性ハンドブック(日本熱物性学会編)，p.542，養賢堂(2018)

実験2　なべ底の温度分布に及ぼす熱源・なべ厚の影響

⑤目　的

　なべはその材質や厚さによってなべ底の温度分布が異なる。なべの材質や熱源によるなべ底の温度分布を視覚的に観察し，その違いを理解する。

⑤実験方法

[材　料]　薄力粉400 g，砂糖80 g，牛乳200 g，ベーキングパウダー16 g，卵2個，水260 g，油

[器　具]　ふるい，ボウル，皿，ゴムべら，ガスコンロ，IHヒーター，鉄製薄手フライパン，鉄製厚手のフライパン，フッ素樹脂加工のフライパン（直径18〜21 cmがよい）

[方　法]　1．薄力粉にベーキングパウダーを加え，2回ふるう。

2．卵を割りほぐし，牛乳と砂糖を加えて，かき混ぜて溶かし，水を加える。

3．2.に1.を加え，均一に混ぜ，パンケーキの種とする。

4．ガスコンロでパンケーキを焼く。鉄製薄手フライパンをガスコンロにのせて強火にかけ，油を薄くぬる。15秒後または30秒後[*1]にパンケーキの種100 gを薄く広げて火を弱くして2分間焼く。裏返して2分間焼く[*2]。

5．IHヒーターにフライパンをのせ1分間，または2分間[*3]加熱し，油を薄く塗り，パンケーキの種100 gをフライパンに広げて火を弱くして2分間焼き，裏返して2分間焼く。

6．最初に焼いた面の色を比較する。ブルーの画用紙の上にのせてデジタルカメラで表面状態を撮影すると色を比較しやすい。

　＊1　鉄製薄手フライパンの場合は15秒。それ以外は30秒

　＊2　フライパンが直径21 cmの場合，200 gの種を用いて，表は3分間，裏返して3分間焼く。

　＊3　フッ素樹脂加工フライパンの場合は2分間。それ以外は1分間

　　ただし，大学によって器具・機器が異なるので，事前に予備実験をして時間を決める。

⑤実験結果

最初に焼いた面の焼き色の様子

熱　源 ＼ フライパンの種類	鉄製薄手	鉄製厚手	フッ素樹脂加工
ガスコンロ			
IHヒーター			

⑤考　察

①　パンケーキの表面の焼き色のむらはどうしてできたか。

②　ガスコンロとIHヒーター（強1.2〜1.4 kw）で成績が異なるのはなぜか。

③　均一な色に焼けるなべは，どのような性質のものか。

④　上手に焼くには，どのようなことを注意すればよいか。

実験3 なべの種類と炒め物

⑤目 的

なべの種類によって熱の伝わり方が違うため，調理成績が異なる場合がある。炒め物の場合について，その違いを理解する。

⑤実験方法

材料 もやし900g，塩7.2g，こしょう，サラダ油45mL

器具 鉄製薄手のフライパン，鉄製厚手のフライパン，フッ素樹脂加工のフライパン（フライパンは直径21cm程度のもの），皿3枚，大さじ，ボウル

方法 1. フライパンをガスコンロにのせて強火にかけ，30秒後に油15mLを入れ，続いて，もやし300gを入れて4分間炒め，食塩2.4gとこしょうで味をつける。もやしを皿に移して重量を測る。この操作を3種類のフライパンで行う。

2. 3種の野菜炒めの外観を比較し，食べたときの味やテクスチャーを比較する。時間的な余裕のあるときは，順位法で官能評価を行う。

⑤実験結果

炒め物となべの関係

フライパンの種類	もやし炒めの重量（g）	外　観	味，テクスチャー
鉄製薄手			
鉄製厚手			
フッ素樹脂加工			

⑤考 察

① 炒めたもやしの重量から，水分の蒸発量を比較する。

② 口触りや色の違いの原因は何か。

③ おいしい野菜炒めは，どのようななべでつくることが望ましいか。

⑤発 展

同じフライパンを用いて異なる条件でもやしを炒め，味やテクスチャーを比較する。同程度の焼き色になった時点を加熱終了とする。

1. フライパンに油ともやしを入れてすぐに加熱をした場合と，フライパンを温めてから油を入れて，続けてもやしを入れた場合

2. 炒めるもやしの重量を150gまたは450gにした場合

3. 弱火で炒めた場合と強火で炒めた場合

F 食品の機能性と調理

この章では，食品の機能性とは，栄養的機能，味や匂い，見た目，歯ごたえなど嗜好性に関わる感覚機能，健康の保持・増進に関わる生体調節機能である。料理は有効な栄養があっても，まずければ受け入れられない。おいしく，しかも栄養的・健康的な調理を理解する。

機能性と調理

実験1 ポリフェノール類の調理による変化

⊘目　的

　ポリフェノールは，ベンゼン環に複数の水酸基が結合した化合物の総称である。野菜や茶などの植物性食品に広く含まれ，一般的に抗酸化性を示すと共に，抗変異原性や抗腫瘍作用，血漿コレステロール低下作用など多様な生理機能を有する機能性成分として注目されている。アントシアニンやフラボノイドのように野菜の色素として存在するものもある。本実験では，野菜のポリフェノール量が浸漬や加熱によって，どのように変化するかについて調べる。また，茶のポリフェノール量がいれ方によって，どのように変化するかについても調べる。

⊘実験方法

　　[材　料]　フェノール試薬(フォーリン・チオカルト試薬)，7.5％炭酸ナトリウム溶液，15 mg/100 mL 没食子酸溶液，ごぼう20 g，なす10 g，せん茶2 g

　　[器　具]　10 mL 試験管，メスフラスコ，200 mL ビーカー，100 mL ビーカー，100 mL メスシリンダー，マイクロピペット，ボルテックスミキサー，ガスバーナー，金網，三脚

　　[測定機器]　分光光度計

　　[方　法]　＜検量線の作成＞

1. 没食子酸溶液(15 mg/100 mL)を，0，2.5，5，10，15 mg/100 mL の濃度になるように蒸留水で希釈する。

2. 10 mL 試験管に，各濃度の没食子酸溶液200μL，7.5％炭酸ナトリウム溶液800μL，フェノール試薬1 mL を入れ，ボルテックスミキサーで撹拌する。

3. 室温で30分間反応させた後，765 nm における吸光度を分光光度計で測定する。

4. 没食子酸の濃度(x軸)と吸光度(y軸)の検量線を作成する。

方法 <試料溶液の調製>

1. ごぼう20.0gを3mmの薄切りにする*。蒸留水100gが入った200mLビーカーにごぼうを入れ，この時点を0分として，5, 10, 15分経過後に軽く撹拌してからマイクロピペットで抽出液を1mLずつ取り出す。

   ＊空気に触れると酸化するので，切ったらすぐに蒸留水に浸ける。

2. なす10.0gを4つに切る*。200mLビーカーに蒸留水100gを入れて沸騰させ，なすを入れる。この時点を0分として，5・10・15分経過後にマイクロピペットで茹で水（抽出液）を1mLずつ取り出す。加熱中はアルミホイルでビーカーにふたをする。

   ＊空気に触れると酸化するので，切ったらすぐに加熱する（茹でる）。

3. 100mLビーカーに蒸留水85gを入れて加熱し，80℃にして火からおろす。そこに，せん茶2.0gを入れ，30秒，1分，2分間おき，軽く撹拌してからマイクロピペットで1mLずつ取り出す。それぞれの抽出液を蒸留水で2〜5倍に希釈する。

方法 <試料溶液の測定>

1. 10mL試験管に，上記で調製した試料溶液200μL，7.5％炭酸ナトリウム溶液800μL，フェノール試薬1mLを入れて，ボルテックスミキサーで撹拌する。室温で30分間反応させた後，765nmにおける吸光度を分光光度計で測定する。

2. 没食子酸の検量線から，それぞれの試料溶液中のポリフェノール量A(mg/100mL，没食子酸相当量)を計算する。さらに，試料100g(また1g*)から溶出したポリフェノール量B(mg)を計算する。

$$B(mg) = A \times \frac{抽出液量(mL)}{100} \times \frac{100(g)^*}{試料採取量(g)} \times 希釈率 \qquad \text{＊茶の場合，茶葉1g当たりとする。}$$

⑤実験結果

試料のポリフェノール量

試　料	時　間	希釈率	吸光度	ポリフェノール量 A(mg/100mL)	試料100g(1g*)から溶出した ポリフェノール量 B(mg)
ごぼう (浸　漬) (　　)g	5分 10分 15分	×1 ×1 ×1			
な　す (茹でる) (　　)g	5分 10分 15分	×1 ×1 ×1			
せん茶 (　　)g	30秒 1分 2分	× × ×			

⑤考　察

① ごぼう，なす，茶に含まれるポリフェノールは，どのような成分か調べる。

② ポリフェノール量は，調理操作によって経時的に変化するか考察する。

実験2 アスコルビン酸の加熱による変化

⟲目　的

　ヒトはビタミンCを合成できない
ため，毎日食品から摂取する必要があ
る。食品中のビタミンCは一般に還
元型ビタミンC(アスコルビン酸)とし
て存在するが，調理や貯蔵により容易
に酸化されて，酸化型ビタミンC(デ
ヒドロアスコルビン酸)となる。

　アスコルビン酸は強力な還元力を有
する水溶性の物質であり，抗酸化物質
として食品中や生体内ではたらく。定
量法には，アスコルビン酸の還元力を
利用したヨウ素法やインドフェノール
法がある。また，酸化型も含めた総ビ
タミンCの定量法には，デヒドロア

アスコルビン酸
(還元型ビタミンC)

2,6-ジクロロフェノール
インドフェノール(酸化型)
(酸　　　性:赤
アルカリ性:青)

デヒドロアスコルビン酸
(酸化型ビタミンC)

無　色　(還元型)

インドフェノール法

スコルビン酸のもつカルボニル基を測定するヒドラジン法がある。ここでは，簡便に還元
型のみを定量するインドフェノール法を用いて，じゃがいも中のアスコルビン酸の加熱調
理による変化を理解する。

⟲実験方法

[材　料]　じゃがいも2個，0.5mg/100mL　2,6-ジクロロフェノールインドフェノール溶
液100mL

[器　具]　50mLビーカー4個，50mL三角フラスコ4個，100mLビーカー3個，300mL
ビーカー，100mLメスシリンダー，5mLメスピペット，10mLホールピペット，金網，
三脚，ガスバーナー，乳鉢，乳棒，薬さじ，ろ紙

[方　法]　**1**．次の3種類の大きさのじゃがいもを準備する。皮つき1個(A)，皮をむいて
1/4に切ったもの1個(B)，皮をむいて1/4に切ったもの1個を，さらに1cm角に
切ったもの2組(C, D)。それぞれの重量を測っておく。

　2．それぞれ2倍量の蒸留水と共に，Aは300mLビーカー，B〜Dは100mLビーカー
に入れる。水位がわかるように，マジックで印をつける。

　3．ガスバーナー上でA〜Cを加熱し，沸騰したらAを30分間，BとCを20分間茹
でる。その際，アルミホイルでふたをし，蒸発により蒸留水が減少したら，もとの水
位まで加熱した蒸留水を補充する。Dは加熱しないで，そのまま20分間置く。

96　　[F] 食品の機能性と調理

4．じゃがいもと茹で汁（浸け水）を分ける。

5．4個の50 mLビーカーと4個の三角フラスコに，ホールピペットでインドフェノール溶液10 mLを入れる[*1]。

6．A～Cのじゃがいもの中央部から2.0 gずつとり，薬さじでよくつぶしてから直ちに5.のビーカー3個に入れ，振り動かしながら青色が消失するまでの時間を計測する。

7．Dのじゃがいもは一部を乳鉢ですりつぶし，2.0 gを直ちに5.のビーカーに入れ，振り動かしながら青色が消失するまでの時間を計測する。

8．5.の三角フラスコ4個にA～Dの茹で汁（浸け水）をメスピペットで滴下し，振り動かしながら青色が消失する量を測定する[*1]。

9．茹で汁（浸け水）中に溶出したアスコルビン酸量[*2]（概算量比）は，下記の計算式で求める。

＊1　AとDの茹で汁（浸け水）中のアスコルビン酸量が少ない場合は，インドフェノール溶液を少なくする。
＊2　数値が高ければ，アスコルビン酸量が多いとみなすことができる。

$$アスコルビン酸量（概酸量比）= \frac{インドフェノール溶液量（mL）}{滴下量（mL）}$$

⮡実験結果

じゃがいものアスコルビン酸量（概酸量比）

試　料	大きさ	操　作	重　量(g)	じゃがいも	茹で汁（浸け水）	
				青色消失に要した時間(秒)	青色消失に要した量(mL)	溶出したアスコルビン酸量
A	1個	加　熱				
B	1/4個	加　熱				
C	1 cm角	加　熱				
D	1 cm角	非加熱				

⮡考　察

① 切断したじゃがいもの大きさが，加熱後のアスコルビン酸の残存量にどのように影響するか，いもと茹で汁について考察する。

② 非加熱の場合のアスコルビン酸について考える。

⮡発　展

1．アスコルビン酸の加熱による減少について，加熱時間の影響や種々の野菜における残存率を調べる。

2．使用するインドフェノール溶液1 mLに相当するアスコルビン酸量を，あらかじめ滴定によって求めておけば，アスコルビン酸量(mg)として算出することができる。

実験3　アスコルビン酸オキシダーゼの影響

目　的

　食品中のアスコルビン酸は，アスコルビン酸オキシダーゼ（酸化酵素）の作用によって容易に酸化されて減少する。日常の調理操作の中で，この酵素反応が起こることを確認し，抑制する方法を理解する。

実験方法

[材　料]　だいこん（1/5本），きゅうり（1/2本），食酢4mL，0.5mg/100mL　2,6‐ジクロロフェノールインドフェノール溶液200mL

[器　具]　50mL三角フラスコ20個（または25mL試験管20本），200mLビーカー2個，50mLビーカー4個，メスシリンダー2mL，または5mLメスピペット4本，10mLホールピペット，おろし金2個，ガーゼ2枚，ろ紙

[測定機器]　pHメーター

[方　法]　1．50mL三角フラスコ20個（または25mL試験管20本）に，10mLホールピペットでインドフェノール溶液を入れる。

2．だいこん，きゅうりを別々のおろし金ですりおろす。

3．ガーゼを用いて，それぞれの絞り汁を別々の200mLビーカーに集める。

4．だいこんの絞り汁20mLに蒸留水7mLを混合し（A液），このときを0分として時間を計測する。すぐに，メスピペットを用いて三角フラスコ1個にA液を滴下し，青色が消えるまでの滴下液量を測定する。A液のpHを計測した後，8.で使用する。

5．だいこんの絞り汁20mLに蒸留水5mLと食酢2mLを混合し（B液），このときを0分として時間を計測する。すぐに，メスピペットを用いて三角フラスコ1個にB液を滴下し，青色（ピンク色）が消えるまでの滴下液量を測定する。B液のpHを計測した後，8.で使用する。

6．だいこんの絞り汁20mLに蒸留水2mLときゅうりのしぼり汁5mLを混合し（C液），きゅうりの絞り汁を入れたときを0分として時間を計測する。すぐに，メスピペットを用いて三角フラスコ1個にC液を滴下し，青色が消えるまでの滴下液量を測定する。C液のpHを計測した後，8.で使用する。

7．だいこんの絞り汁20mLに食酢2mLを入れた後，きゅうりのしぼり汁5mLを混合し（D液）*，きゅうりの絞り汁を入れたときを0分として時間を計測する。すぐに，メスピペットを用いて三角フラスコ1個にD液を滴下し，青色（ピンク色）が消えるまでの滴下液量を測定する。D液のpHを計測した後，8.で使用する。

＊必ず，食酢をきゅうりの絞り汁より先に入れること。

8．A～D液について，15, 30, 45, 60分後に，同様に三角フラスコに滴下し，青色（ピ

ンク色)が消えるまでの滴下液量を測定する。

9. 下記の計算式でアスコルビン酸量(概算量比)を計算する。さらに，A～D液について，B液の0分を基準として残存率を計算する。

$$アスコルビン酸量(概酸量比) = \frac{インドフェノール量(mL)}{滴下量(mL)}$$

注〕 だいこんおろしは放置すると酸化が進むので，おろしたらすぐに使用すること。インドフェノール溶
　　液は，酸性で青からピンク色に変色する。きゅうりのおろし汁や食酢が入ると，色の変化がわかりにくく
　　なるので，慎重に滴下すること。三角フラスコの下にろ紙を敷き，比較のために，きゅうりのおろし汁
　　5mLと蒸留水22mLを混合した三角フラスコを用意するとよい。

⑤実験結果

アスコルビン酸量(概酸量比)の変化

試　料	pH	時間(分)	滴下量(mL)	アスコルビン酸量	残存率(%)
A液：だいこん＋水		0 15 30 45 60			
B液：だいこん＋水＋食酢		0 15 30 45 60			
C液：だいこん＋水＋きゅうり		0 15 30 45 60			
D液：だいこん＋食酢＋きゅうり		0 15 30 45 60			

⑤考　察

① それぞれの残存アスコルビン酸の経時変化から，だいこんおろしを放置した場合，
きゅうりおろしを混合した場合，さらに食酢の効果について考察する。

② アスコルビン酸オキシダーゼがどのような野菜や果物に分布しているか調べる。

③ アスコルビン酸オキシダーゼ活性の高い食品を調理に使用する際，活性を抑制するた
めにはどのような方法があるか調べる。

⑤発　展

アスコルビン酸オキシダーゼの至適pHを調べ，この実験を種々のpHで行った場合に
どのような結果が予想されるか考える。

健康効果と調理

実験1 調味料の使用量と摂取量の比較

○目　的

　料理によっては，使用する調味料重量と，実際に食べることで摂取する調味料の重量は一致しない。調味料の栄養価計算の際に配慮が必要な料理を理解する。

○実験方法

材　料　照り焼き：冷凍かじき2切れ，しょうゆ（かじきの2%塩分），みりん，酒（各しょうゆと同量）

　煮　物：だいこん140g，だし70g，しょうゆ（だいこんの1.2%塩分），砂糖（同4%糖分）

器　具　バット，フライパン，なべ（直径15cm），ホモジナイザー，ホモジナイサーカップ2個，メスシリンダー50mL，キッチンペーパー

測定機器　塩分濃度計

方　法　1．かじきはそれぞれ重量を測定し，調味料を合わせ，表裏5分間ずつ漬ける。

2．かじきを調味液から取り出し250℃のオーブンで8分間焼く。

3．焼き上がり後，直ちに取り出し仕上がり重量を1切れずつ測定して平均値を出す。

4．かじきの照り焼き1切れから，30gを計りとりホモジナイザーカップに移す。蒸留水を30mL加え，2分間ホモジナイズする。直ちに塩分濃度計で食塩濃度を測定する。

5．かじきの照り焼き，1切れ当たりの食塩相当量（摂取食塩相当量）を計算する。

6．だいこんは皮をむき，1cm厚みのいちょう切りにし140g（2人分）計量する。

7．だし，調味料を合わせた汁にだいこんを入れ，落としぶたをして20分間加熱する。

8．なべからだいこんを取り出し，仕上がり重量を測定する。1人分重量を計算する。

9．だいこんを30g計り，4と同様に食塩濃度を測定し，1人分の食塩相当量を計算する。

10．それぞれ試食し，味を確認する。

○実験結果

食塩使用量と摂取量

	1人分の使用食塩相当量(g)	1人分料理仕上がり重量(g)	食塩濃度(%)	1人分摂取食塩相当量(g)
照り焼き				
煮　物				

○考　察

　料理に使用した食塩相当量と，実際口に入った摂取食塩相当量の差を比べる。

実験2　香ばしさ，油のコク，酸味，辛味による減塩効果

⑤目　的

　　料理における好ましい塩味の濃さは，他の味によって変化する。減塩につながる味の工
　夫として，香ばしさ，油のコク，酸味，辛味を取り上げ，それぞれの減塩の効果を理解する。

⑤実験方法

[材　料]　豚ヒレ肉300g，しょうゆ(肉に対し0.8％塩分)，みりん(しょうゆと同量)，油
　　　(肉100gに対し2％油)，もやし300g，しょうゆ(もやしに対し0.8％塩分)，レモン汁
　　　5g，すりごま8g，ごま油4g，一味唐辛子

[器　具]　バット，蒸し器，フライパン，なべ，ざる，ボウル4個

[方　法]　1．豚肉は5mm厚さに切り，調味料を入れたバットに並べ5分間漬け込む。
　　　　途中2分半で裏返す。

　　2．肉を3等分し，蒸す，グリル，油焼きの3種類に調理する。蒸しは，肉をバットに
　　　並べ沸騰した蒸し器内で7分間蒸す。グリルは両面を3〜4分間焼く。油焼きはフラ
　　　イパンに油を入れ，焼き色がつくように焼く。

　　3．冷まして温度をそろえ，3種類の肉料理の塩味の濃さを評価し，感じ方の違いを比
　　　較する。

　　4．もやしは，沸騰した湯でふたをして2分間茹でた後，ざるに取り，広げて冷ます。
　　　ボウルに移し，しょうゆを加えよく混ぜ均一に味をつける。

　　5．4.を3等分する。そのままが「お浸し」，レモン汁を加えて「レモン和え」，すりごま，
　　　ごま油，一味唐辛子少々を加え「ナムル」とする。

　　6．3種類のもやし料理の塩味の濃さを評価し，調味料による違いを比較する。

⑤実験結果

料理として好ましい塩味

料　理	塩味の感じ方				(〇印をつける)
	薄　い	やや薄い	ちょうどよい	やや濃い	濃　い
豚肉蒸し					
豚肉グリル					
豚肉油焼き					
もやしお浸し					
もやしレモン和え					
もやしナムル					

⑤考　察

　①　調理方法の違いによる料理としての「塩味」の感じ方の比較を行う。

　②　香ばしさ，油のコク，酸味，辛味の減塩効果を観察して効果を比べる。

実験3 表面塩の減塩効果

⑤目 的

　食品内部にまで塩味を拡散させず，食べる直前に表面に塩味をつける表面塩という減塩方法がある。炊き込み飯と白飯をおにぎりにして比較する。

⑤実験方法

[材 料] 米400g，食塩約7g

[器 具] 炊飯器2台

[方 法] 　1．重量を測定した2つの釜にそれぞれ米200gを洗米して加え，米の1.5倍加水量(米の品種により加減する)になるように水を加え30分間浸漬する。

　2．一つの釜はそのまま炊飯する(白飯)。もう一方は，3.4gの食塩を加えて炊飯する(塩味飯)。塩味飯の仕上がり重量を測定し，食塩量3.4gを差し引いた値(白飯重量)から塩味飯の塩分パーセントを計算する。

　3．白飯を50gずつ計りラップでおにぎりにする。そのラップを広げて，1.の塩味飯と同じ塩分パーセントになるように食塩を計り，ラップにまんべんなく広げてから，また，おにぎりを戻してにぎり，食塩がすべて白飯表面につくようにする。

　4．塩味飯は，50gに3.で算出した食塩量を足した重量を測り，おにぎりにする。

　5．各おにぎりは，それぞれ半分量の25gを一口で食べ，噛みはじめと途中，食べ終わりで塩味の濃さを官能評価する。一口ごとに水で口をすすぎ，口腔内に残った塩味を除去して行う。

⑤実験結果

表面塩の減塩効果

料 理	咀しゃくの時点	塩味の感じ方　(○印をつける)				
		薄 い	やや薄い	ちょうどよい	やや濃い	濃 い
塩味飯	噛みはじめ					
	咀しゃく途中					
	食べ終わり					
表面塩をした白飯	噛みはじめ					
	咀しゃく途中					
	食べ終わり					

⑤考 察

① 減塩に対する表面塩の効果を検討する。

② 表面塩の効果は，咀しゃくのどの時点でも同じかを，3点の測定ポイントで比較する。

実験4　甘味の減少による減塩効果

◎目　的

　　砂糖を用いた料理は料理の食塩使用量が多くなる傾向がある。ここでは，料理の甘味を減らすことに伴う，減塩の効果を確認する。

◎実験方法

【材料】　じゃがいも（メークイン）約300g，食塩4.8g，砂糖8g，だし（かつお節2％）

【器具】　200mLビーカー4個，蒸し器，パラフィルム

【方法】　1．じゃがいもは皮をむき，1.5cm角のサイコロ切りを40個切り，10個ずつ，できるだけ同じ重量になるように4つに分ける。

　　2．4つのビーカーにそれぞれ10切れのじゃがいもを入れ，だしを加えて合計重量を100gとする。それぞれ①食塩1.5g，砂糖4g　②食塩1.5g，砂糖2g　③食塩0.8g，砂糖4g　④食塩0.8g，砂糖2gで調味し，よく混ぜ，ビーカーは，パラフィルムでそれぞれふたをする。

　　3．沸騰した蒸し器に①～④のビーカーを入れ，30分間強火で加熱する。消火した後ビーカーは30分間そのまま蒸し器内に放置し，じゃがいもに味を均等に拡散させる。

　　5．①～④のじゃがいもを食べ，塩味と甘味のバランスからみた，塩味の濃さの感じ方を比較する。

◎実験結果

煮物での砂糖の量と塩味の感じ方

料　理		塩味の感じ方				（○印をつける）
		薄　い	やや薄い	ちょうどよい	やや濃い	濃　い
1.5%塩分	①　4％糖分					
	②　2％糖分					
0.8%塩分	③　4％糖分					
	④　2％糖分					

◎考　察

　　結果の表①～④の比較から，糖分パーセントの減少（甘味の減少）が減塩になるかを検討する。

◎発　展

　　「濃い味の煮物」の調味料の換算値として3％塩分，5％糖分の値が国民健康栄養調査で使用されている。この調味パーセントの味つけで，本実験と同じように，じゃがいもの煮物を調製し，塩味の濃さを官能評価する。

実験5 汁物の調理方法と減塩効果

目　的

みそ汁は，日本人の食生活に密着した料理であるが，食塩の摂取量が多くなる原因となる。みそ汁の具の量を変え，食塩摂取量を減らす調理法を理解する。

実験方法

材料　具の多いみそ汁：たまねぎ薄切り50g，きゃべつ短冊切り50g，しいたけ薄切り40g，水300g，みそ16.9g（水に対して0.7％塩分　食塩相当量を12.4gで算出）

具の少ないみそ汁：たまねぎ15g，きゃべつ15g，しいたけ12g，水300g，みそ16.9g（水に対して0.7％塩分）

器具　なべ2個，茶こし2個，200mLビーカー2個，20mL駒込ピペット

方法　1．具の多いみそ汁は，重量を測定したふたつきのなべに359gの水と具を入れ，ふたをして7分間煮る。みそを加え，直ちに火を止め，ふたをして重量を測定し，端からピペットで水を加えて457gにする。

2．具の少ないみそ汁も1.と同じ火加減で同様につくり，水を加えて363gにする。

3．2つのみそ汁は同時につくり，完成したらよくかき混ぜて，直ちに汁のみを飲み，みそ汁としての味の濃さを比べる

4．ビーカーの150mLの目盛りまで，汁と具を均等に入れ，総重量を測定する（1人分のみそ汁は150mL相当）。

5．4.のみそ汁は，茶こしで汁と具を分け，汁の重量を測定し，1人分のみそ汁の食塩相当量を算出する（この時点では，具を除いた汁は0.7％塩分とみなす）。

6．汁と具を合わせた2種のみそ汁を味わい，塩味以外の味の特徴を観察する。

実験結果

みそ汁の具の量と食塩摂取量の比較

汁　　物	塩味の濃い方（○印）	150mLの目盛りまで入れたみそ汁について				塩味以外の味の特徴
		総重量(g)	汁の重量(g)	具の重量(g)	みそ汁の食塩相当量(g)	
具の多い汁						
具の少ない汁						

考　察

① 具の量と塩分摂取量の関係を考える。

② みそ汁は，出来上がって時間が経つと，塩味が具に移行し，汁の塩味が薄くなる。

実験6　調理法による野菜の摂取量の比較

◎目　的

野菜は水分が多く，調理方法により嵩（かさ）が大きく変化する。調理法による見た目の嵩と重量の比較を行い，各料理の1人分の野菜重量を確認する。

◎実験方法

材 料　きゃべつ600g，食塩1.5g，ブイヨン300g（水300gに固形コンソメ1個）

器 具　ボウル2個，なべ2個，300mLビーカー5個，万能こし器2個，定規，キッチンペーパー

方 法　1．きゃべつは洗い，表面の水分をふき取る。

2．せん切りきゃべつ（なるべく細く）を50gつくる。残りは長さ5cm，幅1.5cm程度の短冊切りにし，50gは生で，100gは即席漬け，400gはスープ煮に使用する。

3．即席漬けは，ポリ袋にきゃべつ100gと食塩1.5gを入れてよく撹拌し，空気を抜くように口を閉め10分間塩漬けする。出てきた水分を絞って仕上がり重量を測定する。

4．スープ煮は，なべ2つにそれぞれきゃべつ200g・ブイヨン150gを入れ加熱し，1つは沸騰後ふたをして弱火で5分間加熱，他は沸騰後ふたをして弱火で25分間加熱する。

5．仕上がったスープ煮は万能こし器でスープときゃべつを分け（分離時間2分間），スープ煮のきゃべつの仕上がり重量を測定する。

6．ビーカーにそれぞれきゃべつを押し込まないように平らに入れる。せん切りと短冊切り生きゃべつは50g，即席漬けは仕上がり全量，スープ煮は仕上がりの半分量入れる。

7．きゃべつの高さを定規で測定し嵩の比較を行う。それぞれ生きゃべつとして100gにするため，せん切りと短冊切りは測定した高さを2倍し，嵩概量とする。

8．それぞれ料理として適する器に1人分量を判断して盛りつけ，1人分料理重量を測定する。生きゃべつは付け合わせとしてミート皿に盛りつける。即席漬けは小鉢，スープ煮は重量測定後に，スープを戻してスープ煮として盛りつける。

9．1人分料理重量と仕上がり重量から，1人分の生きゃべつ重量を算出し比較する。

◎実験結果

調理法による野菜摂取量

料　理	仕上がり重量(g)	かさ概量(cm)	1人分料理重量(g)	1人分生きゃべつ重量(g)
せん切り生きゃべつ	50			
短冊切り生きゃべつ	50			
即席漬け				
スープ煮(5分加熱)				
スープ煮(25分加熱)				

実験7　揚げ物の衣の種類と油きりによる摂取油量の変化

⮌目　的

　　揚げ物は油摂取量の多い代表的な料理であるが，その吸油率は食品・衣・油のきり方によって異なる。揚げ物の吸油率を理解する。

⮌実験方法

[材　料]　なす3本・細長いさつまいも2本，小麦粉25g，卵10g，油約1L

[器　具]　揚げバット2個，厚手の小なべ(直径15cm程度)，厚手のクッキングペーパー，ボウル，抜き型(直径3cm)

[測定機器]　電子天秤

[方　法]　1．なすとさつまいもは1cm厚さの輪切りをそれぞれ15枚ずつ切り，抜き型で直径をそろえる。それぞれ5枚ずつに分けて，5枚分の重量(10mgまで計量)を測定する。

　　2．4cm以上の深さになるようになべに油を入れる。

<吸油量の比較>

　　3．なすの素揚げと天ぷら，さつまいもの素揚げと天ぷらの4種とする。天ぷらは，水30g，卵10g，ふるった小麦粉25gで衣をつくる。

　　4．それぞれ揚げる前になべと油の合計重量を測定する。なすは油を180℃にし，素揚げは約1分間，天ぷらは約2分間を目安時間として揚げる。さつまいもは，油を160℃にし，素揚げは約2分間，天ぷらは3分間を目安時間とする。

　　5．揚げ物は1種類ずつ行い，各前後に濡れふきんでなべ・油温度を下げてからなべ・油合計重量を測定し，揚げ物による油減少量を算出する。

　　6．揚げ物は，重量を測定したバット＋クッキングペーパー2枚重ねの上に取り出す。揚げ油には衣などを残さず，すべて取り出す。5分後，揚げ物をペーパーから取り出し，バット＋クッキングペーパーの重量を測定し，5分放置による揚げ物からの「油除去量」を算出する。

　　7．揚げ物の油減少量から油除去量を引いて衣を含めた食品への「吸油量」を算出する。

　　8．天ぷらの衣は，ボウル＋衣＋菜箸の重量を測定し，5枚揚げた後の同重量を測定して，天ぷらに使用した衣量を算出する。

　　9．吸油量から，揚げる前の食品(天ぷらの衣重量は含めない)に対する吸油率を算出し，食品の比較，衣の有無による比較を行う。

<油きり方法による油除去量の比較>

　　10．なすといもの素揚げを用いて，2種類の油きり(①揚げバットとクッキングペーパー2枚重ね(吸油量の比較で測定済み)と②揚げバットのみの)を行う。それぞれの揚げ温度・時間は4.と同様とするが，揚げ油の重量測定は不要である。

11. 重量を測定したバットに，なすを5枚素揚げにして取り出す。バット上に5分間放置後，なすのみ取り出しバットの重量を測定し，揚げ物からの「油除去量」を算出する。さつまいもの素揚げも同様に行う。

12. 油除去量から，材料100g当たりの油除去量とエネルギー減少量を求める。

✑実験結果

揚げ物の吸油率と油きりの比較

料　理	試料重量(g)5枚分	油除去量(g)	油減少量(g)	吸油量(g)	吸油率(%)
なす素揚げ					
なす天ぷら					
さつまいも素揚げ					
さつまいも天ぷら					

天ぷら衣使用量　なす：　　　　g　　さつまいも：　　　　g

料　理	試料重量(g)5枚分	油除去量(g)	100g当たりの油除去量(g)	100g当たりのエネルギー減少量(kcal)
なす　①				
なす　②				
さつまいも　①				
さつまいも　②				

✑考　察

① なすとさつまいもの吸油率の違いの理由を考える。

② 素揚げと衣揚げの吸油率の違いを確認する。

③ 油のきり方による油除去量の違いから，摂取エネルギーを減らす工夫を考える。

✑発　展

〔発展的実験〕

衣の種類による，揚げ物時の油減少量の違いを，冷凍のえびフライと手づくりえびフライとで比較する。

1. 冷凍のえびフライは，解凍後1本を分解し，えび重量と衣重量を測定する。

2. 手づくりフライは，えび重量と衣を付けた後の重量を測定する。

3. ＜吸油量の比較＞と同様に実験し，吸油率を求める。

油に落としたときの衣種の挙動	油の温度の目安
衣種がなべ底まで沈み，なかなか浮いてこない	150℃以下
衣種がなべ底まで沈み，直ちにゆっくり浮き上がる	160℃
衣種が油深さ中間まで沈み，浮き上がる	170℃
衣種が油にわずかに沈み，浮き上がる	180℃
衣種が油に入ったとたん，脱水しそのまま浮く	200℃

G 食べやすさを考慮した調理・介護食

この章では，食べやすさを考慮した調理・介護食として高齢者の QOL を高めるための調理方法，咀しゃくのしやすさ，飲み込みやすさなどを理解する。

咀しゃくのしやすさ

実験1 生野菜の下処理・切り方と歯ざわり

◎目　的

生野菜は下処理方法によって，テクスチャーが顕著に変化する。野菜を浸漬すると，水が細胞内に移動してパリッとした食感になる。塩を振って放置すると，細胞外へ水が移動してしなやかになる。下処理とテクスチャーの変化について調べる。また，野菜の切り方によって歯ざわりが異なることを理解する。

◎実験方法

＜下処理と歯ざわり＞

材料 きゃべつ正味300 g，きゅうり正味300 g，食塩2 g

器具 秤，万能こし器2つ，大ボウル2個，中ボウル6個，小ボウル2個

方法 1．きゃべつは長さ4〜5 cm × 2 mm 幅のせん切り，きゅうりは2 mm 幅の輪切りにし，それぞれ300 g準備する。均一に混ぜて，100 gずつ3区分A，B，Cとする。

2．1.のそれぞれの野菜は，以下の処理操作をする。

A：ボウルに入れてラップをかけ，そのまま15分間放置する。

B：野菜重量の15倍の水（1,500 mL）に入れ，15分間放置する。このとき，水温を測定する。15分後，万能こし器にあける。2分間放置して水をきり，重量測定する。

C：野菜の重量の1%の食塩（1 g）をふり，菜箸で軽く混ぜる。15分間放置した後，自然放水量（自然に放水された液体重量）を容器に移して測定する（a）。さらに，手で野菜を30回軽くもんで絞り，出てきた液体の重量を測定する（b）。また，野菜重量も測定する。処理の操作による重量変化率は，次式により算出する。

$$重量変化率（\%）= \frac{100（g）- 処理後重量（g）}{100（g）} \times 100$$

3．野菜ごとにA〜Cを観察・試食して，処理方法による外観の変化，におい，歯ざ

わり，味の特徴を記録し，順位法で好みの順位をつける*。

*順位法はフリードマン検定で行い，試料間の差を判定する。

⤷実験結果

生野菜の扱い方と食味の関係 （水温　℃）

試　料		処理後(g)	重量変化率(%)	外　観	におい	歯ざわり	味	好みの順
きゃべつ	A							
	B							
	C							

└──自然放水量(a) ＿＿＿g，手もみ放水量(b) ＿＿＿g　放水全量(＝a＋b) ＿＿＿g

試　料		処理後(g)	重量変化率(%)	外　観	におい	歯ざわり	味	好みの順
きゅうり	A							
	B							
	C							

└──自然放水量(a) ＿＿＿g，手もみ放水量(b) ＿＿＿g　放水全量(＝a＋b) ＿＿＿g

＜切り方と歯ざわり＞

材料　セロリ(株元部の一節分)，だいこん(中位)，にんじん(中位)を各正味60g

方法　1．野菜3種類は繊維の方向に注意し，A(繊維に平行)とB(繊維に直角)のそれぞれについて，長さ4cm×幅5mm×厚さ2mmの短冊状に30g切る。

2．食感がどのように違うか，1で切った3種類の野菜を試食評価する。種類ごと短冊5枚を1口分とし，口に入れて咀しゃくし，飲み込むまでの回数を記録する。

3．短冊5枚を無作為に選び，物性測定器で破断荷重または応力を測定する*。2．の官能評価と併せて考察する。

*測定条件：V字プランジャー，測定速度2.5mm/sec

⤷実験結果

野菜の繊維方向と硬さ・咀しゃく回数の比較

材　料	切り方	咀しゃく時の硬さの特徴	飲み込むまでの咀しゃく回数	破断荷重(N)
セロリ	A平行			
	B直角			
だいこん	A平行			
	B直角			
にんじん	A平行			
	B直角			

⤷考　察

① 野菜の下処理の実験で，野菜の体積の変化と食味を考察し，各処理が適する料理を考える。

② 繊維方向によって，硬さの感じ方はどのような違いがあるか。

実験2 かのこ切りによる咀しゃくしやすさ

◌目　的

　　かのこ(鹿の子)とは，小鹿の背のまだら模様のことで，材料の表面に細かい格子状の切り目を入れる(切り離さない)方法を「かのこ切り」という。噛みやすく見た目も向上する「かのこ切り」を理解する。

◌実験方法

　　[材　料]　かまぼこ1/2本，べったら漬け1/2本

　　[器　具]　定規

　　[方　法]　1．かまぼこは8cm厚みに切った後，縦・横2cmに1人3個切りとる。

　　2．3切れを，①はそのまま，②はかのこ切り(幅2mm間隔，深さ5mm程度の縦・横の切り目を入れる)。③は2mm角程度のみじん切りにする。

　　3．べったら漬けも8cmの厚みに切り，維管束の内部のみを用いて縦・横2cmに切り，1人3切れとし，それぞれ2.と同様に①，②，③の切り方にする。

　　4．①，②，③はいずれもスプーンにのせ，1口で口に入れ，噛んで飲み込む。その間の噛み切りやすさ，まとまりやすさ，咀しゃく回数(各自計測する)を比較する。

◌実験結果

切り方による咀しゃくしやすさの違い

材　料	咀しゃく回数	噛み切りやすさ	まとまりやすさ
かまぼこ　1切れ①			
かまぼこかのこ切り②			
かまぼこみじん切り③			
漬　物　1切れ①			
漬　物　かのこ切り②			
漬　物　みじん切り③			

◌考　察

　　①　切り方が咀しゃく回数，噛み切りやすさに与える影響を考える。

　　②　かのこ切りとみじん切りの調理性・咀しゃく性・嗜好性を比較する。

◌発　展

　　かのこ切りなどの隠し包丁をする食材を調べ，その食品の特性を考える。

実験3 調理方法と咀しゃくしやすさ

⑤目 的

咀しゃく困難者の場合も，刻み食のように切り方を小さくするのではなく，食のQOLを高めるためには，通常の調理形態に近い調理方法が望まれる。ユニバーサルフードデザインの視点を加えた食べやすく，嗜好性の高い調理方法を理解する。

⑤実験方法

＜鶏ひき肉そぼろあんと鶏ひき肉蒸しだんご＞

材 料 そぼろあん：鶏ももひき肉150g，水150mL，しょうゆ9g，砂糖5g，でん粉4.5g，蒸しだんご：鶏ももひき肉150g，たまねぎ150g，油6g，卵黄油*(卵黄・油各10g)，しょうゆ9g，砂糖5g)

> *卵黄油：卵黄と油を同重量混ぜたもので，仕上がりのソフト食をなめらかにし，料理にたんぱく質・脂質を付加することもできる。ソフト食とは，歯茎でつぶせるような形があり，やわらかい介護食を示す。
> 黒田留美子氏によって高齢者ソフト食が提唱された。現在では高齢者施設で提供される食事形態の一般名称となった。

器 具 片手なべ，ボウル2個，蒸し器，流し缶(15cm×7cm程度)

方 法 1. そぼろあんは，なべに水・調味料を加え，鶏ひき肉を入れてよく混ぜてから中火にかける。肉に火が通ったら水9gで溶いたでん粉を加えて，とろみをつける。

2. 蒸しだんごは，たまねぎをみじん切りにし，6gの油で炒めて冷ます。ひき肉に，卵黄油，調味料を加えよく混ぜた後，たまねぎを加え，流し缶に入れ15分間蒸す。

3. それぞれ15gを一口サイズとし，舌でのつぶしやすさ，噛みやすさ，口の中でのまとまりやすさ，飲み込みやすさ，咀しゃく回数を比較する。咀しゃく回数は自分で計測する。

⑤実験結果

ひき肉料理の咀しゃくしやすさ

料 理	咀しゃく回数	舌でのつぶしやすさ	噛みやすさ	まとまりやすさ	飲み込みやすさ
そぼろあん					
蒸しだんご					

⑤考 察

① ひき肉をでん粉を用いて濃度をつける料理と，同量のたまねぎを副材料として，やわらかく形のある料理との咀しゃく性・舌でのつぶしやすさを比較する。

② たまねぎ以外で，肉や魚に加えてやわらかく形成させる材料を考える。

③ たまねぎのような副材料を加える利点と欠点を考える。

飲み込みやすさ

実験1　舌でつぶせる硬さ

⑤目　的

　　嚥下困難者に対する調理として，舌で容易につぶせる硬さをゼラチンゼリー，寒天ゼリーで理解する。

⑤実験方法

[材料]　ゼリー：室温の100％りんご果汁800 g，水400 g，粉寒天2.7 g，ゼラチン13.8 g

[器具]　なべ4個，プリン型16個，ゴムべら

[方法]　1．寒天ゼリーは0.6％と0.3％濃度の2種類をつくる。重量を測定したなべにそれぞれ水100 gを入れ，粉寒天を1.8 gまたは0.9 gふり入れ10分間浸漬後，加熱し沸騰させ，寒天を溶解させる。なべごと重量を測定し，液量が100 gになるように水を加えた後，果汁200 gを入れ，それぞれプリン型4個に分注する。

　　2．ゼラチンゼリーは3％と1.6％濃度の2種類をつくる。重量を測定したなべに，それぞれ水90 gを加え，ゼラチンを9 gまたは4.8 gふり入れ，5分間膨潤させた後，なべごと直火で加熱し，かき混ぜながら65℃以下の液温度でゼラチンを溶解させる。なべの液量が100 gになるように水を加えた後，果汁200 gを加えそれぞれプリン型4個に分注する(嚥下食にゼラチンを用いる場合，ゼラチン濃度は1.6％濃度が最適とされる)。

　　3．氷水中で1時間冷却したものを試料とし，舌でのつぶしやすさを評価する(実際の冷却時間は，冷蔵庫内18時間以上の方が，供食時のゲル安定性が高いとされる)。

⑤実験結果

ゼリーのつぶしやすさ，飲み込みやすさ

ゲル化食材	濃度(％)	舌でのつぶしやすさ	飲み込みやすさ
寒　天	0.6		
	0.3		
ゼラチン	3.0		
	1.6		

⑤考　察

①　舌で容易につぶせる寒天・ゼラチン濃度は何％濃度ぐらいか。

②　寒天とゼラチンゲルの口溶けを，それぞれの融解温度から考察する。

③　口の中でのゲルの崩れやすさ，のどへの送り込みやすさを観察して評価する。

実験2 ブレンダー食

目 的

食品や料理をミキサーにかけて流動状にした「ブレンダー食（ミキサー食）」について，口腔内での感覚を比較し，飲み込みやすさを理解する。

実験方法

材 料 きゅうり50g（1/2本用意），食塩0.5g（板ずり用），豚もも肉30g（50g程度用意），酒2g，しょうゆ2.5g，サラダ油2g，水またはだし汁

器 具 ボウル3個，フライパン，ミキサー，またはフードプロセッサー，ゴムべら，おろし金

測定機器 食塩濃度計

方 法 ＜きゅうりの調製＞

1/2本は食塩をまぶして板ずりをして，水洗いし，すりおろして，30gとり，食塩濃度を測定する。

＜豚肉の調製＞

1. 豚もも肉50gに酒2g，しょうゆ2.5gで下味をつけて10分間おき，サラダ油をひいたフライパンで両面を焼く。

2. 1.の30g分をミキサー，またはフードプロセッサーに入れ，（数班分まとめて入れてよい）水またはだし汁を加えながら流動状（ポタージュくらい）にする。加えた水分の量は記録しておく。

3. 食塩濃度計で食塩濃度を測定する。

4. 2.の重量を測り，3.で測定した食塩濃度を参照して，豚肉ブレンダー食の食塩濃度が0.5%付近になるように，味をみながら食塩を加える。

5. 食塩濃度計で4.で仕上げた食塩濃度を測定する。

各試料をほぼ常温で試食し，噛みやすさ，口当たり，まとまりやすさ，塩味の感じやすさ，飲み込みやすさを評価する。

実験結果

きゅうりの食塩濃度

（　　　）%

豚肉の食塩濃度

3. （　　　）%

5. （　　　）%

常温で試食し評価する

項　目	きゅうり	豚　肉
噛みやすさ		
口当たり		
まとまりやすさ		
塩味の感じやすさ		
飲み込みやすさ		

考 察

飲み込みやすい調理形態について考える。

実験3 増粘剤の利用

⑤目 的

　　増粘剤を用いて，増粘剤の種類や濃さが飲み物の形状や飲み込み特性に及ぼす影響について理解する。

⑤実験方法

材料 増粘剤：「トロメリン」(三和化学)，「スルーキング」(キッセイ薬品工業)，「トロメイク」(明治)など3種，各7〜12g，だし450g，オレンジジュース(果汁100％)450g

器具 100mL，200mLビーカー各9個，ティースプーン9個，秤(感量0.1g)，バット2つ

方法 1．だしは200gビーカー9個に50gずつ入れ，60℃を保つ(バットに湯を入れて湯せんにする)。

　　2．オレンジジュースは100mLビーカー9個に50gずつ入れ，10℃を保つ(バットに冷水を入れて冷やす)。

　　3．増粘剤は下のまとめの表に従って，所定の量をだしの各ビーカーに数回に分けてふり入れ，全量入れた後，2分ほどティースプーンでよく混ぜる。5分間60℃の湯せんで放置した後(増粘剤の効果が安定してから)各試料について，とろみの目安(ポタージュ，またはとんかつソース状，ヨーグルト状，ジャム状など)，外観(色や状態)，味，飲み込み特性(のどごし感覚)の4項目について評価する。

　　4．オレンジジュースについても2.と同様の操作を行う。ただし，5分間放置する際は冷水中(10℃)とする。

⑤実験結果

増粘剤の飲み物の添加効果

増粘剤	g/50mL	だし(60℃)				オレンジジュース(10℃)			
		とろみの目安	外観	味	飲み込み特性	とろみの目安	外観	味	飲み込み特性
トロメリン	1								
	2								
	3								
スルーキング	1								
	2								
	3								
トロメイク	0.5								
	1								
	2								

⑤考 察

① 各増粘剤混合後，飲み物の粘性や形状はどのように変化したか。

② 増粘剤の種類による飲み物の風味の違いを比較する。

③ 増粘剤の濃さにより飲み物の飲み込み特性はどのように変化したか。

⤴ 発 展

〔発展的実験1〕

蒸留水を用いてオレンジジュースの場合と同様に調整し，それが日本摂食嚥下リハビリテーション学会嚥下調整食分類2021（早見表）の段階1～3のどこに分類されるかを調べる。

学会分類 2021（食事）早見表

コード		名 称	形 態	目的・特色
1	j	嚥下調整食 1-j	均質で，付着性，凝集性，硬さ，離水に配慮したゼリー・プリン・ムース状のもの	口腔外で既に適切な食塊状となっている送り込む際に多少意識して口蓋に舌を押しつける必要がある
2	1	嚥下調整食 2-1	ピューレ・ペースト・ミキサー食など，均質でなめらかで，べたつかず，まとまりやすいもの	口腔内の簡単な操作で食塊状となるもの（咽頭では残留，誤嚥をしにくいように配慮したもの）
	2	嚥下調整食 2-2	ピューレ・ペースト・ミキサー食などで，べたつかず，まとまりやすいもので不均質なものも含む	
3		嚥下調整食 3	形はあるが，押しつぶしが容易，食塊形成や移送が容易，咽頭でばらけず嚥下しやすいように配慮されたもの 多量の離水がない	舌と口蓋間で押しつぶしが可能なもの。押しつぶしや送り込みの口腔操作を要し，かつ誤嚥のリスク軽減に配慮がなされているもの

出典：日本摂食嚥下リハビリステーション学会，嚥下調整食分類2021（早見表）を一部抜粋

〔発展的実験2〕

ラインスプレッドテスト（Line Spread Test：LST）の測定値，見た目，触った感覚（スプーンなどで持ち上げたり，たらしたり），広がり具合などを各増粘剤の濃さによる違い，同じ濃さで増粘剤による違いで比較する。

ラインスプレッドテスト：目盛のついたシートを用いてとろみのついた溶液が一定時間に広がる距離を見て「とろみの程度」を数値化する方法

① シート（中心から6方向に目盛りのついた専用シート）を水平な場所に置く。

② 内径30 mm のリングを同心円の中心に置く。

③ 測定したいとろみ液をリングに20 mL 入れ，30秒間静置する。

④ リングを垂直に持ち上げ，30秒後，溶液の広がり距離を6点測定する。その平均値をLST値とする。

専用シート：サラヤ株式会社で販売している。

〔注意〕 LST値は，キサンタンガムをベースとしたとろみ調整食品で水にとろみづけした試料から検討した値である。キサンタンガムをベースとしないとろみ調整食品をテストに用いた場合は，値の取り扱いに注意が必要である。

H | 感覚に視点を当てた実験

調理中に食材は刻々と変化していく。法則的でないその変化に対応するには，化学的視点と自らの感覚で食材にみられる差や特徴をとらえることが不可欠である。この章では，それらを養うために，感覚(五感)を研ぎすまし，とらえた感覚を表現し，数値化することを目的として実験を行う。

味　覚

実験1　五基本味の検知閾値と認知閾値

ᕙ目　的

　5つの基本味(甘味，塩味，うま味，酸味，苦味)の検知閾値と認知閾値について，五基本味を代表する物質や食品を用いて測定し，自らの味覚感受性を知る。

ᕙ実験方法

|材料| (15～20名分) グラニュー糖2.5g，食塩0.65g，クエン酸(食品添加物)0.1g，カフェイン(食品添加物)0.1g，グルタミン酸ナトリウム(食品添加物)0.15g，蒸留水3L

|器具| 500mLビーカー6個，ガラス棒5本，官能評価用試飲カップ6個×人数分，ラベル用シール12枚

|方法| 1．重量既知のビーカー5個に蒸留水を適量入れ，それぞれの味物質を加えてよく溶かし，溶液の重量が500gになるよう調製する。1個には何も加えていない蒸留水500gを準備する。

　2．グラニュー糖を溶かしたビーカーの底面に「甘味」というシールを貼る。食塩を溶かしたビーカーには「塩味」，クエン酸を溶かしたビーカーには「酸味」，カフェインを溶かしたビーカーには「苦味」，グルタミン酸ナトリウムを溶かしたビーカーには「うま味」，何も加えていないビーカーには「無味」のシールを貼る。

　3．2.の6個のビーカーをシャッフルし，どのビーカーに何を溶かしたかわからないようにする。

　4．6個のビーカーの側面に3桁の乱数字，例えば「134」「259」「367」「518」「721」「833」をシールに記入し貼る。

　5．試飲カップの側面に4.の3桁の乱数字を記入し，ビーカーから15～20mLずつ入れて6種類の評価サンプルが手元にそろったら席に着く。

6. 試飲カップの溶液を1つずつ順に味わい，蒸留水(無味)とは異なり何か味を感じるか，五基本味の中のどの味質を感じるかを評価し，実験結果に記入する。評価の前には蒸留水で口をすすぎ，異なる溶液を評価する前にもよく口をすすぐ。

⟲実験結果

検知閾値，認知閾値測定

ラベル NO.	134	259	367	518	721	833
無味とは異なるか						
五基本味のどの味質か						
正解(ビーカー底の表示)						

⟲考　察

無味とは異なり何かの刺激を感じる最小濃度を検知閾値，味質が正しくわかる最小濃度を認知閾値という。

① 評価に用いた水溶液の濃度はそれぞれ何パーセントか。

② 蒸留水を使ったのはなぜか。

③ 味物質ごとで自らの検知閾値，認知閾値は異なったか。

④ 味質の回答が不正解だった場合，もう一度試飲すると正しい味質を感じられるか。

⑤ 集団(グループ)の回答を集計し，正答率の低かった味質とその理由について考える。

⟲発　展

五基本味のうち，四味以上を正しく識別できるようになるとよい。

検知閾値をより正確な濃度まで測定したい場合は，味物質ごとにさらに濃度の低いものを数種調製し，蒸留水と対(ペア)にしてランダムに繰り返し提示する。評価者はどちらに味を感じるかを回答し，正解した最低濃度を求める。

評価する水溶液の濃度は，甘味(グラニュー糖)は公比0.6の等比数列，塩味，うま味は公比0.7，酸味，苦味は公比0.8で調製するとよい。

5基本味の検知閾値測定に用いる検査液の例(ISO 3972)

味　質	味物質	公　比	濃　度(%)				
甘　味	グラニュー糖	0.6	1.20	0.72	0.43	0.26	0.16
塩　味	食塩	0.7	0.200	0.140	0.098	0.069	0.048
うま味	グルタミン酸ナトリウム	0.7	0.100	0.070	0.049	0.034	0.024
酸　味	クエン酸	0.8	0.060	0.048	0.038	0.031	0.025
苦　味	カフェイン	0.8	0.027	0.022	0.017	0.014	0.011

実験2　味の感じ方と温度

◎目　的
味の感じ方が温度によって異なるかを知り，提供温度による調味の工夫を理解する。

◎実験方法
材　料　（8～12人分）グラニュー糖25.0g，食塩4.0g，蒸留水

器　具　500mLビーカー2個，200mLビーカー8個，ガラス棒5本，官能評価用試飲カップ12個×人数分，恒温槽2台（36℃，60℃）

方　法　1．重量既知の500mLビーカー2個に蒸留水を入れ，グラニュー糖，食塩を溶かして500gに調製する。

2．それぞれの溶液を4等分して200mLビーカーに入れ，ふたをし，1個は冷蔵庫に入れて5℃に調整する。1個は室温に放置し，残りの2個は体温付近（36℃）と60℃の恒温槽に入れて，4種類の温度になるようにする。

3．温度計で溶液が目的の温度に達したことを確認したら，試飲カップに10～15mLぐらいずつ入れて，直ちに飲み比べ，甘味（塩味）を強く感じる順，甘味（塩味）の好ましい順に1.～4.の順位で評価する。

◎実験結果

温度による味の感じ方─砂糖溶液

パネリスト ID	甘味の強い順				甘味の好ましい順			
	5℃	室温	36℃	60℃	5℃	室温	36℃	60℃
ID1								
:								

温度による味の感じ方─食塩溶液

パネリスト ID	塩味の強い順				塩味の好ましい順			
	5℃	室温	36℃	60℃	5℃	室温	36℃	60℃
ID1								
:								

◎考　察
①　温度が異なると味の強さ，好ましさが変わったか。

②　甘味や塩味の好ましさを評価したとき，連想した食品はあったかを話し合う。

◎発　展
市販されているインスタントコーヒーを湯に溶かして，同様に4種類の温度に調整し，苦味の強さの感じ方は，試飲温度によって異なるか調べる。

実験3 味の相互作用

目 的

　人が感じる味の強さは実際の味物質の濃度に対応しているとは限らない。特に食物中には様々な味関連物質が含まれており，それらが相互作用を引き起こすことが知られており，実際に含まれている濃度よりも強く感じたり，弱く感じたりすることがある。味の相互作用には順応，対比効果，抑制効果，相乗効果，変調効果があり，これら感覚上で起こる現象について代表的な実験により理解する。

実験方法

〔味の対比効果〕

- 材料 (15～20名分)さらしあん80g，砂糖50g×2，水240g，食塩0.06g
- 器具 なべ2個，木べら2本，味見皿(人数分)
- 方法 　1．重量既知のなべ2個にそれぞれさらしあん40gを入れ，水120gを加えて10分間おき，火にかける。片方には砂糖50gと食塩0.06gを加えて(食塩添加：A)，他方には砂糖50gのみを加えて(食塩無添加：B)木べらで混ぜながら練り，どちらも120gに仕上げる。
- 　　　 　2．AとBのあんを味見皿にとり，比較して味わい，甘味を強く感じる方を選ぶ(2点試験法)。味わう前には蒸留水で口をすすぎ，異なる試料と比較する前にも口をすすぐ。

実験結果

あんの甘味に及ぼす食塩の影響

パネリスト ID	あんの甘味の強い方に○をつける	
	A：食塩添加	B：食塩無添加
ID1		
：		

考 察

① 　味の対比とは，本来の味が別の味の影響により際立って感じられることである。あんにおいて少量の塩味が甘味を増強させたか。

② 　AとBを集団で実施し，2点試験法の検定(片側検定)により，甘味における対比効果が統計的に有意かどうか調べる。

発 展

1．その他に味の対比効果の例があるか話し合う。

2．味の対比効果は実際の調味にどのように活用でき，健康促進に役立つか考える。

3．同時に摂取した場合の対比効果の他，継続的に摂取した場合の対比効果もあり，例えば，強い苦味や酸味のするものを味わった後では，水が甘く感じるなどがその現象である。これを味の変調効果ともいう。

⤶実験方法

〔味の順応〕

材　料　(1人分)クエン酸0.3g，グルタミン酸ナトリウム0.5g，蒸留水

器　具　100mL ビーカー2個，官能評価用試飲カップ10個 × 人数分，紙コップ

方　法　1．重量既知の100mL ビーカーに蒸留水を入れ，それぞれクエン酸，グルタミン酸ナトリウムを溶かし，100g 溶液を調製する。試飲カップに15mLずつ5個準備する。

　　　　　2．クエン酸溶液15mL を一度に口に含みよく味わって紙コップに吐き出す。10秒の間をおいて，もう一度クエン酸溶液15mL を口に含みよく味わって吐き出す。これを5回繰り返す。1口目から5口目で感じた味の強さがどう変化したかを記録する。

　　　　　3．グルタミン酸ナトリウム溶液についても同様に5回続けて味わう。

⤶実験結果

繰り返し味わうことによる味の強さの変化

試　料	1口目	2口目	3口目	4口目	5口目
クエン酸溶液					
グルタミン酸ナトリウム溶液					

味の強さは，強い／やや強い／どちらでもない／やや弱い／弱いのいずれかで回答

⤶考　察

①　順応とは刺激を受け続けている間に感覚が弱くなっていく現象である。味物質によって，順応が速いものと遅いものがあるか。後味の持続性と関係するか。

②　酸味，うま味は唾液の分泌を促す。唾液の分泌は味の強さに影響を及ぼすか。

⤶発　展

1．ある味の強さが時間経過に伴い，どのように変化するかを評価する動的官能評価を TI（Time‐Intensity）法という。TI 法で酸味やうま味の強度変化を繰り返し測定するとどのようなカーブが得られるか。

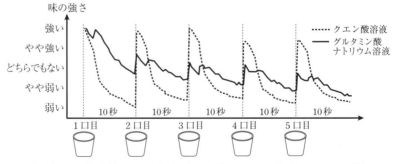

酸味（クエン酸溶液）とうま味（グルタミン酸ナトリウム溶液）の TI カーブ例

⟲実験方法

〔味の抑制効果〕

［材料］ (5〜8人分)グラニュー糖80g, 食塩4.45g, クエン酸0.025g, 蒸留水

［器具］ 200mLビーカー4個, 500mLビーカー2個, 官能評価用試飲カップ6個×人数分

［方法］ 1. 甘味の強さ5点, 10点, 塩味の強さ5点, 10点の見本となるグラニュー糖標準溶液2種(5%, 10%), 食塩標準溶液2種(0.30%, 0.55%)を200mLビーカーに調製する。

2. 重量既知の500mLビーカーに, 50gのグラニュー糖と2.75gの食塩を蒸留水によく溶かし混合液Aを500g調製する。混合液A 250gを別のビーカーに取り分け, 0.025gのクエン酸を加えて混合液Bを調製する。

3. 試飲カップ6個に3桁の乱数字を記入し, 混合液Aと混合液Bを3個ずつに10〜15mL分注する。

4. トレイの手前に混合液Aを注いだ試飲カップを2つ, 混合液Bを注いだ試飲カップを1つとり, 3つをランダムに並べる。トレイの奥には混合液Aの試飲カップ1つ, 混合液Bの試飲カップ2つをランダムに並べる。

5. トレイ手前, 奥にそれぞれ並んでいる3個の試飲カップの溶液を比較して味わい, 異なる1つの溶液を選ぶ(3点試験法)。試飲する前には蒸留水で口をすすぎ, 異なる試料を味わうときにも口をよくすすぐ。

6. 異なる1つのものを正しく選ぶことができたら, 混合液A, Bそれぞれの甘味の強さ, 塩味の強さが何点に感じるかを1.の標準溶液と比較して味わいながら評価する。

⟲実験結果

2種の混合液の3点試験法による識別と甘味, 塩味の強さ

3点試験法	トレイ手前			トレイ奥		
カップの数字						
異なる1つに○						

見本となる標準溶液と比較したときの強さの評価

混合液A	甘味	点	塩味	点
混合液B	甘味	点	塩味	点

⟲考 察

① 少量のクエン酸添加により甘味は抑制され, 塩味は増強されて感じたか。

② 3点試験法は2種の異なるサンプルがあった場合, 2つは同じで1つは異なるものを組合せて提示し, 3つを比較しながら試飲し, 異なる1つのものを選ぶ。Aを正しく選ぶ(トレイ奥)のとBを正しく選ぶ(トレイ手前)ので難しさに違いがあったか。

⤷実験方法

〔味の相乗効果〕

[材料]　(15〜20人分)かつお節12g，昆布12g，食塩7.2g

[器具]　なべ2個，500mLビーカー，万能こし器，官能評価用試飲カップ3個×人数分

[方法]　**1.** 重量既知のなべに昆布と水650gを入れ30分間おく。なべを火にかけ，沸騰直前に昆布を取り出し消火する。抽出液を600g測り，足りない場合は水で調整する。食塩3.6gを加える(昆布だし：A)

2. 重量既知のなべに水700gを沸騰させ，かつお節を入れて弱火で30秒間加熱し，消火して2分間おき，万能こし器でこす。抽出液を600g測り，足りない場合は水で調整する。食塩3.6gを加える(かつおだし：B)。

3. 昆布だし200gとかつおだし200gを合わせ，混合だし(C)400gを調製する。

4. 昆布だし汁(A)，かつおだし汁(B)，混合だし汁(C)を試飲カップに20mLずつ分注し，一対比較法によりうま味の強さを評価する。一対比較法はAとB，BとC，CとAのすべての組合せについて，試飲する順序を考慮して比較し，感じた差の程度を評価する。

5. 試飲は，まずAを味わい，うま味の強さを記憶し，続いてBを味わい，先に味わったAとうま味の強さを比較する(以下，試飲順序をA→Bと示す)，先に味わったものが後に味わったものに比べてうま味の強さが−2：弱い，−1：やや弱い，0：同じ，+1：やや強い，+2：強い，のいずれかで回答する。B→C，C→Aも同様に味わい評価する。試飲順序はB→A，C→B，A→Cの場合もあるため，1人6対の評価すべてをランダムな順に行う。うま味の強さは，いずれも1口ずつの試飲で判断し，繰り返し飲み比べることはしない，異なるだし汁を味わう前や試飲と試飲の間は蒸留水でよく口をすすぐ，

⤷実験結果

一対比較法による3種のだし汁のうま味の強さ

パネリストID	試飲順序：A→B，B→C，C→A			試飲順序：B→A，C→B，A→C		
	AはBに比べて	BはCに比べて	CはAに比べて	BはAに比べて	CはBに比べて	AはCに比べて
	+2：強い +1：やや強い 0：同じ −1：やや弱い −2：弱い	+2：強い +1：やや強い 0：同じ −1：やや弱い −2：弱い	+2：強い +1：やや強い 0：同じ −1：やや弱い −2：弱い	+2：強い +1：やや強い 0：同じ −1：やや弱い −2：弱い	+2：強い +1：やや強い 0：同じ −1：やや弱い −2：弱い	+2：強い +1：やや強い 0：同じ −1：やや弱い −2：弱い
ID1						
：						

考　察

① 　味の相乗効果は，同系統の味質をもつ2種類の呈味物質を同時に味わったときに，味の強さが数倍に高まることをいう。うま味の相乗効果がよく知られており，アミノ酸系うま味物質（グルタミン酸やアスパラギン酸）と核酸系うま味物質（イノシン酸やグアニル酸など）は1：1の濃度で合わさったとき，うま味の強さは最も強くなる。昆布だし，かつおだしに含まれる代表的なうま味物質は何か調べる。

② 　味の相乗効果は匂いの影響がなくでも生じるか，鼻をつまんで3種のだしを味わい，うま味の強さを比較する。鼻をつまんだ場合は中耳（鼓膜の内側）への影響を考え，溶液は飲み込まずに吐き出すように注意する。

③ 　混合だしは，うま味の相乗効果を期待して調理に活用される。中華料理の湯（たん）や西洋料理のブイヨンの材料とうま味の相乗効果について考える。

発　展

　だし汁中には様々な呈味物質が含まれるので，最も純粋なうま味の相乗効果実験は食品添加物であるグルタミン酸ナトリウムと5′-イノシン酸ナトリウムを用いてそれぞれの0.02％溶液を用いて確認する。0.02％は両物質の認知閾値近辺の濃度であり，一方を一口味わってもはっきりした味質は感じない。続いて口すすぎをしないうちに他方を味わうと舌上で2つの物質が合わさり，味覚受容体への結合も強固となり，うま味がきわめて強く感じられる。

　下図は，グルタミン酸ナトリウムと5′-イノシン酸ナトリウム混合溶液の濃度が0.05％と一定のとき，2つの物質の混合割合を変化させたときの官能評価による味の強さを示したものである。

　グルタミン酸ナトリウムと5′-イノシン酸ナトリウムの混合割合が50％と半々（グルタミン酸ナトリウム0.025％，5′-イノシン酸ナトリウム0.025％水溶液）のとき，味の強さは最大となる。

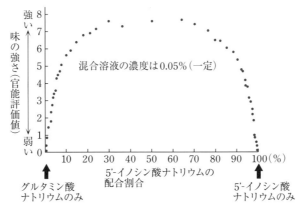

グルタミン酸ナトリウムと5′-イノシン酸ナトリウムの配合割合とうま味の強さ (Yamaguchi, 1968)

実験4 味と物性

目 的

味の感じ方は味物質が溶けている基材(マトリックス)の硬さや粘性などの物理的な性質に影響を受ける。溶液の粘度，ゲルの硬さの違いによる味の感じ方を理解する。

実験方法

材料 (10〜15人分)とろみ剤(市販とろみ調整食品)21g，粉寒天6g，グラニュー糖20g，蒸留水

器具 300mLビーカー8個，なべ2個，ゼリー型6個，官能評価用試飲カップ8個 × 人数分，味見皿2個×人数分，ゴムべら，または木べら5個

方法 1. 甘味の強度見本となる5種類のグラニュー糖標準溶液(4.0，5.0，6.4，8.0，10.0%；公比1.26)を各300gずつ調製する。標準溶液に低い濃度のものから1〜5の番号を記入し，1人分各溶液20mLずつを試飲カップに取り分ける。

2. グラニュー糖30gに蒸留水270gを加えよくかき混ぜる。……(試料A)
グラニュー糖30gととろみ剤6gを混ぜ，蒸留水264gを加えよくかき混ぜる。……(試料B)
グラニュー糖30gととろみ剤15gを混ぜ，蒸留水255gを加えよくかき混ぜる。
……(試料C)。

3. 重量既知のなべに蒸留水300gを入れ，粉寒天1.5gを加えかき混ぜながら加熱し，1〜2分間沸騰を続けた後，グラニュー糖30gを入れて溶かし消火する。蒸発により減った水分を加え，仕上がりが300gになるよう調整し，ゼリー型に100gずつ入れて冷水(5〜10℃)中で固める。……(試料D)

4. 重量既知のなべに蒸留水300gを入れ，粉寒天4.5gを加えかき混ぜながら加熱し，1〜2分間沸騰を続けた後，グラニュー糖30gを入れて溶かし消火する。蒸発により減った水分を加え，仕上がりが300gになるよう調整し，ゼリー型に100gずつ入れて固める。……(試料E)

5. A〜Cのゾルは20mLずつ試飲カップに分注し，D，Eのゲルは1cm角に切って味見皿に取り分ける。5種類のゾルおよびゲルを各自がランダムに試食し，甘味の強さがグラニュー糖標準溶液1〜5と比べ，弱い，同じ，強いのいずれかを評価する(右ページ左図参照)。評価と評価の間では口すすぎをよく行う。

実験結果

ゾルとゲルの甘味の強さ　　　　　　　　　　　　　　　　　　　○をつける。

試料	甘味の強さを比較するグラニュー糖標準溶液の番号(濃度)				
	1(4.0%)	2(5.0%)	3(6.4%)	4(8.0%)	5(10.0%)
A	弱い・同じ・強い	弱い・同じ・強い	弱い・同じ・強い	弱い・同じ・強い	弱い・同じ・強い

試料	甘味の強さを比較するグラニュー糖標準溶液の番号(濃度)				
	1(4.0%)	2(5.0%)	3(6.4%)	4(8.0%)	5(10.0%)
B	弱い・同じ・強い	弱い・同じ・強い	弱い・同じ・強い	弱い・同じ・強い	弱い・同じ・強い
C	弱い・同じ・強い	弱い・同じ・強い	弱い・同じ・強い	弱い・同じ・強い	弱い・同じ・強い
D	弱い・同じ・強い	弱い・同じ・強い	弱い・同じ・強い	弱い・同じ・強い	弱い・同じ・強い
E	弱い・同じ・強い	弱い・同じ・強い	弱い・同じ・強い	弱い・同じ・強い	弱い・同じ・強い

⑤ 考　察

① 「同じ」と評価された標準液の濃度は試料 A ～ E で異なっていたか。

② マトリックスの粘度や硬さにより甘味の感じ方はどのように変わるか。

⑤ 発　展

1. 2つの異なる種類の刺激 S_a と S_b が，他の面では異なっていても，今回の甘味のように，ある感覚特性において対等な感覚をひき起こす場合，その S_a と S_b は等価刺激という。例えば，ブドウ糖10%とショ糖6.3%の水溶液は「甘味の強さ」が等しい，5%のショ糖溶液の甘さと1%食塩溶液のしょっぱさは濃さ(味全体の強さ)が等しい，などの例があり，これらの物質濃度を主観的等価値(Point of Subjective Equality：PSE)という。

2. PSE の測定方法は集団で行い，評価試料と標準溶液をランダムにまたは低濃度から高濃度(上昇法)へと順に比較評価し，集団での判断の出現率を正規確率紙にプロットする。出現率50%に相当する濃度をグラフから逆に読みとる。

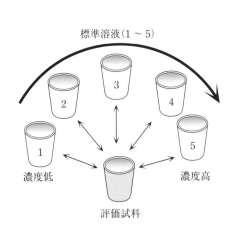

評価試料と標準溶液(1～5)を比較評価する

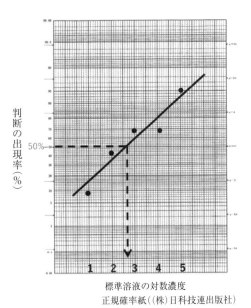

標準溶液の対数濃度
正規確率紙((株)日科技連出版社)

主観的等価値(PSE)の求め方

嗅　覚

実験1　加熱によるにおいの変化—たまねぎ臭

⤸目　的

　　たまねぎのにおいが，生から加熱によって，どう変わるか嗅覚で確認し，成分がどう変化するかを調べ理解する。

⤸実験方法

　　[材　料]　たまねぎ(中)1/2個，油少量

　　[器　具]　フライパン，木べら

　　[方　法]　1．たまねぎの薄皮をむき，半分に切る前の丸のたまねぎのにおいを嗅ぐ。半分に切ってから，せんいに沿った方向に薄切りし，においを嗅ぐ。

　　2．油を敷いたフライパンに薄切りにしたたまねぎを入れ，はじめは中火で，様子をみて弱火にして炒める。透明になった時点，色がつきはじめた時点，きつね色になった時点，茶色になった時点について，その時間と，どのようなにおいかを記録する。

　　注〕　なべ底が焦げついてきたら，大さじ1の水を加えて焦げをとる，を繰り返す。また終了後，スープストックを加えてスープにし，においだけでなく味も味わうとよい。

⤸実験結果

たまねぎのにおいの変化

処　理			においの特徴
切る前の丸のまま			
薄切り直後			
加　熱	透　明	分	
	色づきはじめ	分	
	きつね色	分	
	茶　色	分	

⤸考　察

　　①　生のたまねぎの催涙成分はどのようにして生成されるか。また，それを防ぐにはどのような方法があるか。

　　②　たまねぎの刺激臭がしなくなるのはどの時点か。

　　③　たまねぎを加熱していく間に，成分はどのように変化していくか。

実験2　アミノカルボニル反応（ホットケーキ）

目　的

　ホットケーキを焼くことで，アミノカルボニル反応を嗅覚で確認し，アミノカルボニル反応の機構を調べ理解する。

実験方法

材　料　薄力粉50 g × 2，ベーキングパウダー2 g × 2，砂糖15 g，卵20 g × 2，水40 g × 2，油少量

器　具　ボウル(中)2個，(小)3個，粉ふるい，フライパン(または，ホットプレート)，フライ返し

方　法　1. A：薄力粉，ベーキングパウダーを混ぜて2回ふるう。B：薄力粉，ベーキングパウダー，砂糖を混ぜて2回ふるう(1つの粉ふるいで，Aを先に，Bを後でふるう)。卵と水を混ぜる(卵液2つ)。

　　　2. AとBにそれぞれ卵液を加えて菜箸で混ぜる。

　　　3. フライパンに油を薄く敷いて熱し，2に生地のほぼ半分をフライパンの左右に楕円形に流し込み，弱火で焼く(ホットプレートなら160℃にして焼く)。表面に穴ができ，Bに焼き色がついたら，両方を裏返して裏面を焼く。

　　　4. 焼き上がった直後に，表面のにおいを嗅ぎ比べる。

実験結果

砂糖添加有無の試料のにおいの比較

生　地	焼成直後のケーキ表面のにおい
A(砂糖なし)	
B(砂糖入り)	

考　察

① この反応に関与している成分としては，どの材料にどのようなものが含まれるか。

② この反応では，においのほかに，どのような違いが出現するか。

③ この反応の機構を調べる。各種糖と各種アミノ酸の組合せによって，どのようなにおいがするか調べる。

<参考>

　この教科書の実験の中には，アミノカルボニル反応が起こっている実験がいくつかある。どの実験がそれであるか，考えながら各実験をしよう。

　また，最後ににおいを官能評価する実験も多いが，においは実験中に刻々と変化していき，その変化を実験者は嗅覚で捉えることができる。最後のにおいの評価だけでなく，実験中にどう変化していくかに注目することも重要である。

視　覚

実験1　寒色と暖色の背景とおいしさ

暖色は食欲を増進し，寒色は食欲を減退させるといわれる。背景の色彩を暖色と寒色とで変えた場合，食物の印象にどう影響するかを理解する。

⎰実験方法

材　料　ゼリー，プリンなど，同じような大きさの食品2〜3種類

器　具　パン皿程度の大きさの白い皿4枚，色画用紙4枚(赤・オレンジ・黄色から2色と紫・青)

方　法　1．ゼリー，プリンなど，使用する食品の好みを評価する。

　　2．ゼリー，プリンなどの食品を白い皿に盛りつける。この皿を4色の色画用紙にのせて，それぞれおいしそうにみえるかどうかを5段階の評点法で評価する。それぞれの評価を集計し，平均値を求めて考察を行う。平均値の差の検定(多重比較)をする。

⎰実験結果

●食品の好み：このゼリーは，○○味のゼリーです。あなたの好みを記入しなさい。

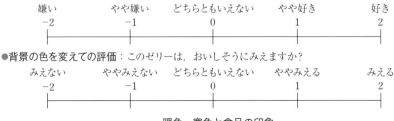

	嫌い	やや嫌い	どちらともいえない	やや好き	好き
	−2	−1	0	1	2

●背景の色を変えての評価：このゼリーは，おいしそうにみえますか?

	みえない	ややみえない	どちらともいえない	ややみえる	みえる
	−2	−1	0	1	2

暖色・寒色と食品の印象

	自分のつけた点数	グループ(クラス)の平均値	色彩間の平均値の差の検定	気づいたこと
ゼリー(プリン)の好み			———	
暖色(　　　)				
暖色(　　　)				
寒色　　紫				
寒色　　青				

⎰考　察

① 背景の色を暖色と寒色と変えたとき，おいしそうにみえるかの評価に差があったか。それはなぜか。

② 盛りつけた食品の好き嫌いが，評価に影響したか。

③ 印象を表すことばを使用して評価を行った場合，色によって評価に違いが出たか。

④ 背景の色彩を変えたとき，暖色はおいしそうみえ，寒色はそうではないといえるか。

実験2　食器の様式とおいしさ

目　的

　　食材や料理は、食文化と密接に結びついている。洋菓子と和菓子を、洋食器または和食器に盛りつけ、おいしそうにみえることに食器の様式が関連しているかを考察する。

実験方法

　|材　料|　ケーキ類2個(同じもの)、和菓子(ようかん・練り切りなど、同じもの)2個、緑茶、コーヒー

　|器　具|　ケーキ皿2枚、和菓子皿2枚(木や塗りの皿)、湯のみ2個、コーヒーカップ2個

　|方　法|　1．ケーキをケーキ皿と和の菓子皿に盛りつける。和菓子も同様に盛る。緑茶を湯のみとコーヒーカップに注ぐ。コーヒーも同様に行う。

　　2．菓子と飲料それぞれについて、おいしそうにみえるかどうか、5段階評点法で評価を行う。グループやクラスでそれぞれの評価を集計し、平均値を求めて考察を行う。データ数が多ければ食器間の平均値の差の検定(t検定)をしてもよい。

実験結果

ケーキ皿と和菓子皿：このケーキ(または和菓子、緑茶、コーヒー)は、おいしそうにみえますか？

2点嗜好法を使って「どちらの皿にのせたケーキがおいしそうか」と評価してもよい。

様式の異なる食器に盛った菓子、飲料のみえ方

試　料	自分のつけた点数		グループ(クラス)の平均値		食器間の平均値の差の検定結果	気づいたこと
	洋食器	和食器	洋食器	和食器		
ケーキ						
和菓子						
緑　茶						
コーヒー						

考　察

①　ケーキ、和菓子はどちらの食器に盛りつけたらおいしそうにみえるか。その理由は何か。

②　緑茶、コーヒーはどちらの食器に注いだらおいしそうにみえるか。その理由は何か。

③　菓子や飲料と食器の様式の関係を考察する。また、この考察をふまえて、おいしさの視覚的要因にはどんなことがあるかを考える。

皮膚感覚

実験1　ごまのすり加減

➲目　的

ごま特有のかおりやごまの状態変化とごま和えの食味から，すり加減を理解する。

➲実験方法

[材　料]　洗い白ごま60g，市販すりごま10g，あたりごま10g，ほうれんそう300g，しょ
うゆ12g，砂糖6g，だし汁18g

[器　具]　小なべ(または小フライパン)，すり鉢，すりこぎ，ろ紙(直径110mm)6枚，
小皿6枚，中なべ，小ボウル6個，木べら

[方　法]　1．洗いごま60gを小なべに入れ，木べらで撹拌しながら弱火で炒る。ごまの
粒がふくらみ，香ばしいかおりがしたら火を止める。

2．なべのごま全量をすり鉢へ入れ，する(すりこぎは2回転/1秒)。すりはじめてから
1, 3, 5, 10分の各時間で10gずつ取り出す。

3．秤に重量既知のろ紙を置き，取り出したごまからスプーンで各1gをのせる。
その後，薄く広げて20分間置く。ろ紙上部のごまを取り除いて重量を測定し，
吸油量(=20分後のろ紙重量−最初のろ紙重量)を求める。

4．市販すりごま，あたりごまの各1gも，3.同様に吸油量を求める。

5．ほうれんそうは茹でて240gに絞り，3cm長さに切る。その後，6等分する。

6．市販すりごま，あたりごま，2.のすりごまを各5g用い，ごま和えを6種つくる。
5.を1区分ずつ「ごま5g＋砂糖1g＋しょうゆ2g＋だし3g」で和える。順位をつける。

7．2.のすりごまの残り(各約4g)は，外観や油っこさ，風味などの食味特性を記録する。

➲実験結果

ごまのすり加減とごま和えの評価　　　　　ごまの加熱時間(　　分)

ごまの区分	吸油量* (g)	すりごま (外観・かおり・食味の特徴)	ごま和え			
			外観のよい順	油っこい順	風味のよい順	好ましい順
1分すり						
3分すり						
5分すり						
10分すり						
市販すりごま						
あたりごま						

＊吸油量(g)＝20分後のろ紙重量(g)−最初のろ紙重量(g)

実験2　だいこんおろしの食味と離水

目　的
おろし器の種類が，だいこんおろしの特徴や食味に及ぼす影響を知る。

実験方法

材料　だいこん約300 g(中程の部位)

器具　おろし金，フードプロセッサー，小ボウル2個，ゴムべら2本，50 mLメスシリンダー2本，ろうと台，ろうと2個，ろ紙(直径185 mm)2枚，パイレックスカップ2個

方法　1．だいこんは皮をむき，縦に2等分する。

2．一方のだいこんをおろし金，他方をプロセッサー用とする。おろす前のだいこんの重量を測定する(a)。おろし金ですりおろし，最後におろし残り部分の重量を測定する(b)。仕上がりのだいこんおろし重量を求める(a−b)。プロセッサーの場合は，約2 cmの厚さのいちょう切りにして投入し，約10回断続スイッチで調製する(メーカー取説参照)。刃の上部に残っただいこんの重量を測定して(b)，上記同様にだいこんおろし重量を求める。

3．ろ紙の入ったろうとへ，だいこんおろしを移す。このとき，ろうとに入れる前後のボウルの重量を測定し，ろうと内のおろし重量を算出する。

4．ろうとに移し終わったら，3, 5, 15分後の離水量を測定する。このとき乾燥防止のため，だいこんおろし上部へラップを軽くかけておく。

5．15分後，スプーンの背でおろしを軽く押し，離水の最終量を測定する。

6．だいこんおろしを皿に移し，辛味の強さ，口当たりの好ましさなどを比較する。

7．水50 mLを入れたパイレックスカップに，6.のおろしを小さじ1/5程入れて，繊維の長さなどを観察・記録する。

実験結果

だいこんおろしの食味に及ぼすおろし金の影響

おろし器の種類	すりおろしに要した時間	だいこんおろしの重量(g)		離水量(mL)と離水率*(%)				おろしの食味評価		繊維の観察(特徴記録)
		すりおろし量	ろうと内重量	3分	5分	15分	最終量	辛味の強い順	口当たりのよい順	
おろし金				(　　mL) (　　%)	(　　mL) (　　%)	(　　mL) (　　%)	(　　mL) (　　%)			
フードプロセッサー				(　　mL) (　　%)	(　　mL) (　　%)	(　　mL) (　　%)	(　　mL) (　　%)			

＊離水率(%)＝離水量(mL)／ろうと内のだいこんおろし重量(g)×100

実験3 適温

⑤目　的

飲食物の適温は体温±25～30℃とされている。おいしく感じる温度，および飲食物の経時的な温度変化を確認し，喫食時に食卓で飲食物をおいしく食べられるよう，適温や時間経過の関係を理解する。

⑤実験方法

[材料]　じゃがいもでん粉8g，湯(ポット保温)，冷水(冷蔵庫内)

[器具]　コーヒーカップ，スープ皿，汁椀(1個はふたつき)，ガラスコップ，小なべ2個，ゴムべら2本

[方法]　1．カップや汁椀など各容器の重量や容器内径をあらかじめ測定しておく。

2．湯を沸かす(電気ポット，またはやかん)。コーヒーカップを秤の上に置き，湯150gを入れた後，温度計で温度を測定する。温度測定は，開始から10分まで2分おき，以降60分まで10分おきに行う。

3．2.と同様にスープ皿に150gの湯を入れ，温度測定をする。

4．2.と同様に汁椀に150gの湯を入れ，温度測定をする。

5．ガラスコップに冷蔵庫で冷やした水150gを入れ，温度計で温度を確認し，2.と同様に温度測定を行う。

6．1%でん粉溶液をつくる。重量既知の小なべとゴムべら，にでん粉3.5gと水350gを入れよく混ぜてから火にかけ，混ぜながら沸騰まで加熱し，仕上がり重量350gを確認する(透明になっていることを確認)。重量が不足の場合は加水して，蒸発分を補う。汁椀2個にでん粉溶液を150gずつ入れ，1つはすぐにふたをし，一方はふたなしの状態で，2.と同様に温度測定する。

7．重量既知の小なべとゴムべらにでん粉4.5gと水150gを入れて，6.と同様に加熱し，3%でん粉溶液をつくる。仕上がり重量150gを確認し，手早く全量をゴムべらで汁椀に移し，2.と同様に温度測定する。

8．秤の上に置いたそれぞれのコーヒーカップに70，65，60，55℃の湯(各150g)を入れ，試飲してどのように感じるか，感じ方(熱すぎる△，ちょうどよい◎，ぬるい▽)を記録する。また，一番飲みやすい温度を記録する。

9．秤の上に置いたそれぞれのガラスコップに5，10，15，20℃の水(各150g)を入れ，試飲して，感じ方(冷たすぎる△，ちょうどよい◎，ぬるい▽)を記録する。また，いちばん飲みやすい温度を記録する。

10．グループ全員が8.と9.を終了したら，グループ員がどのように感じたか，ちょうどよい温度の人数を集計し，個人差についても考察する。

11. 温度計測した数値を用い，時間経過による温度変化のグラフを作成し，喫食までの時間と飲みごろの温度の保持時間を考察する。

⎙実験結果

1人分の飲物・汁物の時間経過による温度変化　　　　　（今日の室温　　℃）

食　器	でん粉(%)	容器内径(cm)	器重量(g)	盛付直後～60分までの温度（℃）										
				0分	2分	4分	6分	8分	10分	20分	30分	40分	50分	60分
コーヒーカップ	−													
ガラスコップ	−													
スープ皿	−													
汁椀（ふたなし）	0													
汁椀（ふたなし）	1													
汁椀（ふたつき）	1													
汁椀（ふたなし）	3													

＊容器内の液量はすべて150g（実習室の食器に合わせ，130，170gなどに変更してもよい）

湯と水の飲みごろの温度

コーヒーカップ	湯の温度				ガラスコップ	水の温度			
容器／温度	70℃	65℃	60℃	55℃	容器／温度	5℃	10℃	15℃	20℃
温度の感じ方[1]					温度の感じ方[2]				
ちょうどよいと感じた人数					ちょうどよいと感じた人数				
自分の最もよいと感じた温度（　　　℃）					自分の最もよいと感じた温度（　　　℃）				

1) 感じ方：熱すぎる△，ちょうどよい◎，ぬるい▽　　2) 感じ方：冷たすぎる△，ちょうどよい◎，ぬるい▽

⎙考　察

飲食物の温度変化に影響する要因は何か。

① 温かい汁物の温度低下に影響する要因は何か。容器形状，でん粉濃度，材質などについて考える。

② 湯と冷水の飲みごろの温度の結果より，配膳から喫食までの温度変化を考え，食卓でおいしく喫食できる時間を考える。

③ 保温・保冷効果を高める工夫を考える。

④ 保温効果の高い汁物の例を調べる。

⑤ 室温や送風の影響を考える。

官能評価分析

この章では，官能評価の手法と結果を導くためのデータ処理法を理解することを目的とする。食べ物の甘い，硬いなどの評価は，最終的に食することによって，各人の感覚でとらえて判断するものである。各人の評価を他の人と共有するためには，とらえた感覚を客観化・数値化する必要がある。

すなわち，それが官能評価である。

1 官能評価の要点

（1） 官能評価とは

官能評価とは，実験で提示された試料に対して，人が自らの感覚によってとらえた強さや特性を評価することをいう。

人の感覚器官がとらえた試料の特徴を官能特性という。例えば「黄色っぽい」「炊き立てのご飯のようなにおい」「甘い」「サクサク感」「なめらか」などが官能特性であり，色差計のb^*値，4-ビニルフェノール含有量，ショ糖濃度，周波数，粘性トルク値などの物理的・化学的特性と区別して用いる。食物の特性を明らかにするためには，官能特性と物理的・化学的特性とを関連づけることが大切である。

また，様々な成分からなる食品の複合的な味，香りと味の相互作用，おいしさなど嗜好に関すること，減塩した食品の塩味の強さや満足度などは官能評価で調べる必要がある。

（2） 官能評価のタイプ

官能評価には客観的（objective）官能評価と主観的（subjective）官能評価の2つのタイプがあり，これらは目的と評価手段が異なる。客観的官能評価を分析型官能評価，主観的官能評価を嗜好型官能評価という。

① 客観的官能評価

試料の官能特性の大きさを知りたいときや試料間に差が有るか無いかを決めたいときに行う。官能評価により試料のもつ特徴や差の大きさなどを明らかにするためには，味嗅覚感度により選抜され，試料について特別に訓練された集団（パネル）が必要である。

② 主観的官能評価

試料に対する人の素直な反応を知りたいときに行う。対象となる人は年齢や性別，居住地などのデモグラフィック（人口統計学的）な属性で選び，試料についての特別な訓練は行わず，個人の味嗅覚感度も問わない。試料に感じた印象や好ましさの程度などを評価してもらう。

（3）　官能評価パネル選定

　　官能評価を実施するには人に評価への協力を依頼し，時には人を選抜・訓練する。その
ため人権に十分配慮し，研究倫理を守らなければならない。実験開始前にはインフォーム
ド・コンセント（説明と文書での同意）を得て，個人情報の管理と活用を明確にし，実験終
了後も十分な説明を行い参加者からの質問に回答する。官能評価に参加してもらう人は評
価の目的に合わせて適切に選ばなければならない。

　　官能評価の参加者をパネリスト，パネルメンバーといい，その集団をパネルという。パ
ネリストとしてふさわしい一般的資質は

①　心身共に健康であること，味嗅覚脱失などの疾病を患っていないこと。

②　官能評価に対して意欲や興味があり，協力的なこと。

③　好き嫌いについて，過度の偏りがないこと。

④　忖度なく公平，公正な評価ができること。

⑤　官能評価試料に対してアレルギーのないこと。

　　その他，喫煙習慣や常備薬の有無，花粉症の有無などは評価に影響を及ぼす場合もある
ので事前にヒアリングしておくとよい。

（4）　官能評価実施の留意点

　　人による評価は個人間差が大きいだけでなく，個人内でも常に安定した評価ができると
は限らないので，特に客観的（分析型）官能評価を実施する際には以下の点に留意する。

①　パネル

必要に応じパネリストの選抜と訓練を行う：選抜・訓練には五基本味の識別テスト(p.116)
　　や濃度差の識別テストにより閾値を把握する方法と，食品に感じた官能特性を的確な言
　　葉で表現できる能力を把握する方法がある。

　　また，濃度既知の標準水溶液を用い，同じ刺激が提示された場合に安定した評価や回
　　答ができるパフォーマンスを把握しておく。

パネル人数を適切に設定する：識別テストでは，パネル人数はパネルの訓練の程度と識別
　　したい試料間の差の程度により決まる。差が小さい場合は100名以上，差がわかりやす
　　い場合は30〜50名を目安とする。食品の特徴を数値化する評点法では，目的に合わせて
　　訓練された8名から15名の少人数で，繰り返し評価を行う。

②　環境，時間

官能評価室の環境を整える：評価場所には，窓や装飾のない白色の壁とテーブルが設置さ
　　れ，静かで無臭の部屋が望ましい。室温，湿度，換気，照明などの条件は一定にする。

区切られたブース：評価に集中でき，他人の影響を受けないように一人ずつパーティショ
　　ンで区切られた個室（ブース）を用いる。

評価時間：空腹でも満腹でもない時間帯，例えば午前9時から11時，午後2時から4時な

どとし，評価1時間前からは飲食や喫煙を控える，香りの強いものは身につけないなどの注意をする。

試料数の限定：集中力が落ちたり，味覚の疲労・順応により味がわからなくならないよう，一度に評価する試料数は3〜5個に限定する。異なる試料を味わう前や評価と評価の間に蒸留水でよく口をすすぎ，唾液が再び口中を潤したかを確認する。

③ 試料の調製

評価に用いる試料は人数分をすべて同一条件で調製する。調理が必要な場合，同じ時間帯に評価する数から必要量を決め，出来立てを評価してもらえるよう調理開始時間を考える。すぐに評価できない場合は，管理された温度で保管する。恒温槽，温冷蔵庫，ステンレス製保温水筒などを活用するとよい。

肉，魚，野菜など個体差，部位差が大きく均一にできない試料の場合，切り分けやトリミングを考えた十分な量を準備し，同じ個体，部位どうしを比較してもらえるよう工夫する。

④ 試料の提示方法

試料は無色，透明のカップや白色，無地の容器に分注する。紙コップや割りばしは使い捨てで便利であるが，容器・食具のにおいが評価に影響しないか注意する。

先入観や予断をなくすため，試料についての情報は与えず，中身が類推できないように提示する（ブラインド提示）。そのため，容器には3桁の乱数字（138，407，529など）や優劣や序列に関係しないアルファベット記号（P，Q，Rなど）をつける。

複数の試料を同時比較または逐次的に評価してもらう場合，試食する順序が評価に影響を与える。最初に試食したものは印象が強く，後に試食したものは直前のものと無意識に比較してしまい過大・過少評価になるなどである。これらはパネリストの訓練で解決できる場合もあるが，実験では人によって試食順序が異なるよう提示する。評価する試料の数が3個または4個の場合は，つり合い型ブロック計画により試食順序を決めるとよい（表1.2.）。試料の数が3個の場合，パネル人数は6の倍数だとバランスがとれる。試料の数が4個になるとパネル人数は4!で24名以上，試料の数が5個になると5!で120名以上でないとバランスがとれない。試料の数が5個以上の場合は，ラテン方格法で縦列，横列をランダムに入れ替えるか，試料数とパネル人数から官能評価専用ソフトで最適な試食順序を提案してもらう。

表1. サンプルが3種 (1, 2, 3) の場合の試食順序

パネリスト	試食順序			パネリスト	試食順序		
	1番目	2番目	3番目		1番目	2番目	3番目
ID1	1	2	3	ID4	1	3	2
ID2	2	3	1	ID5	2	1	3
ID3	3	1	2	ID6	3	2	1

表2. サンプルが4種 (1, 2, 3, 4) の場合の試食順序

パネリスト	試食順序				パネリスト	試食順序			
	1番目	2番目	3番目	4番目		1番目	2番目	3番目	4番目
ID 1	4	3	1	2	ID 13	3	2	4	1
ID 2	2	1	3	4	ID 14	1	4	2	3
ID 3	1	2	4	3	ID 15	2	3	1	4
ID 4	3	4	2	1	ID 16	4	1	3	2
ID 5	4	1	2	3	ID 17	1	3	4	2
ID 6	3	2	1	4	ID 18	2	4	3	1
ID 7	4	2	3	1	ID 19	2	1	4	3
ID 8	1	3	2	4	ID 20	3	4	1	2
ID 9	2	3	4	1	ID 21	3	1	2	4
ID 10	1	4	3	2	ID 22	4	2	1	3
ID 11	2	4	1	3	ID 23	1	2	3	4
ID 12	3	1	4	2	ID 24	4	3	2	1

表3. ラテン方格法 (試料数5の場合)

パネリスト	試食順序				
	1番目	2番目	3番目	4番目	5番目
ID 1	1	2	3	4	5
ID 2	5	1	2	3	4
ID 3	4	5	1	2	3
ID 4	3	4	5	1	2
ID 5	2	3	4	5	1

注〕　ラテン方格法は試料が何番目に評価されるかは均等化されるが，前後に試食する
試料が同じとなるため，列ごと，または行ごとで入れ替えてランダム化する

⑤　回答の集め方

　官能評価ではパネリストへのわかりやすい教示が重要であり，どのパネリストにも同じ
情報を提示して評価を開始する。例えば，評価用紙に「ジュースの官能評価」と記されて
いるか「オレンジジュースの官能評価」と記されているかでパネリストの構えが変わるの
で注意する。

　評価項目が複数ある場合は，評価順が結果に影響を及ぼす。食品の色は味覚に影響を与
え，馴染みのある香りは味覚を増強させる。一つの感覚に着目して強度評価を行う場合と
複数の感覚について強度評価を行う場合，後者で強度が減少するハローダンピング効果と
いう認知的なバイアスがみられる。評価項目の評価順は感覚間相互作用に配慮し，意図的
な誘導を行わないよう配置する。

　官能評価を行った回答は記入もれのないよう，回収時に必ずチェックする。官能評価専

用ソフトやWebアンケートツールで回答の選択画面を作成し，PCで入力してもらうと記入もれを防ぎ，評価時間などもコントロールしやすい。

⑥　結果の解析方法

集団で行った官能評価の結果を解析するときは，統計的な仮説検定を行う。

＜仮説検定の手順＞

①　有意水準(α)を決める。αは通常5％や1％と設定する。

②　試料間には「差がない」という帰無仮説と「差がある」という対立仮設を立てる。

③　データをとる。

④　帰無仮説の下で，データのような結果はどのくらいの確率で起こるか，統計量p値を計算する。

⑤　p値がα未満の場合，めったに起こらない事象なので帰無仮説自体が間違いであったと考え，「有意差あり」，すなわち，統計的に意味のある差がみられたと結論づける。

⑥　p値がα以上であった場合，帰無仮説は捨てることができず，「有意差なし」と結論づける。

＜仮説検定の2つの考え方＞

統計的仮説検定には，片側検定と両側検定がある。片側検定とは，2点試験法や3点試験法で正解が決まっているときや，Aの方がBより大きい(小さい)はずであるという仮説を検証したいとき，例えば物理的・化学的測定により片方が大きい(小さい)ことが示されている場合に用いる。AとBどちらを好きかなど正解がない場合や，AとBどちらを大きい(小さい)と評価されるかを先入観なく知りたいときは両側検定を用いる。

2　官能評価の方法と解析法

官能評価は，試料間に差があるか，どのような差があるか，どのくらいの差があるか，知りたい目的に合わせて手法を選ぶことが重要である。

（1）　試料間に差があるか

3点試験法(Triangle test)，1：2点試験法(Duo‐trio test)が用いられる。どちらも2種の試料(A，B)を識別する方法である。

〔3点試験法〕

同じ試料を2個，異なる試料を1個，計3個を提示し，異なる試料がどれか判断してもらう方法である。

〔1：2点試験法〕

対照となる試料Aを提示し，その後，AとBを対にして提示して，どちらがAであるかを判断してもらう方法である。全体の質的な違いから判断するため，どのような違いがあるかが不明な場合でも用いることができる。

（2）　試料間にどのような差があるか

　試料が2種の場合，2点試験法(Paired Comparison test)，試料が3種以上の場合，順位法(Ranking test)が用いられる。2点試験法には2点識別法(Paired difference test)と2点嗜好法(Paired preference test)がある。

〔2点識別法，2点嗜好法〕

　実験者が仮説としてもっているある特性(例えば，甘味の強さなど)を示して，2点識別法ではどちらが強いかを選び，特性ではなく好ましさに差があるかを知りたい場合は，2点嗜好法を用いる。

〔順位法〕

　実験者が仮説としてもっているある特性を示して，順位法では強い順に並べてもらう。あるいは，好ましさに差があるかを知りたい場合は，好ましい順に並べてもらう。

（3）　試料間にどのくらいの差があるか

　試料間の差の大きさや程度を知るには一対比較法，評点法が用いられる。

〔一対比較法〕

　試料を対(ペア)で提示し，片方を基準としたときに，他方がそれよりもどのくらい異なるかを回答してもらう。例えば，試料AとBを比較して，BはAよりも＋2：強い(好ましい)，＋1：やや強い(やや好ましい)，0：同じ，－1：やや弱い(やや好ましくない)，－2：弱い(好ましくない)など5段階または7段階尺度で回答してもらう。試食順序により味の感じ方が異なるので，パネルの半数はBを基準としてAについて同様に回答してもらう。試料が2つ以上の場合もすべての組合せで対をつくり，相対的な評価をしてもらい，個々のデータを展開・補正することで最終的にはすべての試料の大きさを一つの数直線上に並べて比較することができる。

〔評点法〕

　知りたい特性の大きさについて，5段階尺度(例えば，0：感じない，1弱い，2：やや強い，3：強い，4：非常に強い)，または7段階尺度(例えば，3：非常に強い，2：強い，1：やや強い，0：どちらでもない，－1：やや弱い，－2：弱い，－3：非常に弱い)などで回答してもらう方法である。試料どうしを直接比較せず，単独(モナディック)で評定するため，あらかじめ尺度使用に関しパネリストの訓練が必要である。

　パネリストは，自らの感覚を数値に置き換えるときに，数値の心理的等間隔性を意識しているか，評価尺度の使い方に偏りがないかなど高度に訓練される必要がある。そのため官能特性の強さを評価してもらう場合は，あらかじめ標準物質などを提示し，尺度合わせ(標準物質Xの強度を「5」とするなど)を行うことが望ましい。

実験1 2点試験法

〔2点識別法〕

　2種の試料AとBを提示し，ある官能特性について強い方を選んでもらう。試料Aの方が強い，ということは実験者の仮説や何らかの根拠によりわかっているものとする。

　n 人のパネリストで評価を行い，a 人が試料Aを選択し，$n-a$ 人が試料Bを選択したとする。AとBがそれぞれ選ばれる確率は1/2であり n 人中何人がAまたはBを選ぶかは2項分布に従うので，評価データが得られたら，以下のエクセル関数にあてはめ確率 p を求める。

　　　$p = 1 - \text{BINOM.DIST}$（Aを選んだ人数 $- 1$，パネリスト数，選ばれる確率，TRUE）

　p が有意確率 α（0.05または0.01などあらかじめ決めておく）未満の場合，試料AとBにはある官能特性の強さに有意差があると結論づける。

　どちらか一方が選ばれるはずであるという実験者の仮説や何らかの根拠がある場合は片側検定を行う。

〔2種のあんの甘味の強さ〕

試　料　味の対比効果(p.119)で調製した食塩添加のあん試料Aと食塩無添加のあん試料B

パネル　五基本味の識別テスト(p.116)で4問以上正解した46名

評価する官能特性　甘味の強い方。少量の食塩添加による対比効果で，試料Aの方が甘味を強く感じることがわかっている。

結　果　あん試料Aを30名が選び，あん試料Bを16名が選んだ。

検　定　$p = 1 - \text{BINOM.DIST}(29, 46, 0.5, \text{TRUE}) = 0.027$

　$p < 0.05$ なので食塩添加の試料Aは無添加の試料Bより有意に甘味が強いとされたと結論づける。

〔2点嗜好法〕

　同じ実験であっても，本当に対比効果が起こるのかを知りたい場合や，どちらのあん試料の甘味が好ましいかを知りたい場合は，両側検定を行う。

両側検定では片側検定で求めた p の値を2倍する。

　　　$p = 0.027 \times 2 = 0.054$

　この場合，$p \geqq 0.05$ なので食塩添加の試料Aと無添加の試料Bの甘味の強さ（好ましさ）に有意差なし。

　2点試験法の片側検定，両側検定は表4, 5の数表で行うこともできる。

表4　2点試験法(片側検定)の検定表

n \ α	5%	1%	0.1%	n \ α	5%	1%	0.1%
5	5	–	–	31	21	23	25
6	6	–	–	32	22	24	26
7	7	7	–	33	22	24	26
8	7	8	–	34	23	25	27
9	8	9	–	35	23	25	27
10	9	10	10	36	24	26	28
				37	24	27	29
11	9	10	11	38	25	27	29
12	10	11	12	39	26	28	30
13	10	12	13	40	26	28	31
14	11	12	13				
15	12	13	14	41	27	29	31
16	12	14	15	42	27	29	32
17	13	14	16	43	28	30	32
18	13	15	16	44	28	31	33
19	14	15	17	45	29	31	34
20	15	16	18	46	30	32	34
				47	30	32	35
21	15	17	18	48	31	33	36
22	16	17	19	49	31	34	36
23	16	18	20	50	32	34	37
24	17	19	20				
25	18	19	21	60	37	40	43
26	18	20	22	70	43	46	49
27	19	20	22	80	48	51	55
28	19	21	23	90	54	57	61
29	20	22	24	100	59	63	66
30	20	22	24				

繰り返し数(または，パネル数)が n のとき，正解数が表中の値以上ならば有意

表5　2点試験法(両側検定)の検定表

n \ α	5%	1%	0.1%	n \ α	5%	1%	0.1%
6	6	–	–	31	22	24	25
7	7	–	–	32	23	24	26
8	8	8	–	33	23	25	27
9	8	9	–	34	24	25	27
10	9	10	–	35	24	26	28
				36	25	27	29
11	10	11	11	37	25	27	29
12	10	11	12	38	26	28	30
13	11	12	13	39	27	28	31
14	12	13	14	40	27	29	31
15	12	13	14				
16	13	14	15	41	28	30	32
17	13	15	16	42	28	30	32
18	14	15	17	43	29	31	33
19	15	16	17	44	29	31	34
20	15	17	18	45	30	32	34
				46	31	33	35
21	16	17	19	47	31	33	36
22	17	18	19	48	32	34	36
23	17	19	20	49	32	34	37
24	18	19	21	50	33	35	37
25	18	20	21				
26	19	20	22	60	39	41	44
27	20	21	23	70	44	47	50
28	20	22	23	80	50	52	56
29	21	22	24	90	55	58	61
30	21	23	25	100	61	64	67

繰り返し数(または，パネル数)が n のとき，選ばれた度数の多いほうが表中の値以上ならば有意

実験2　3点試験法

　3点試験法は，2種の試料AとBを，Aを2つBを1つまたはAを1つBを2つのように計3個をブラインド提示し，異なる1つのものを選んでもらう。2点試験法のように識別してほしい官能特性を知らせなくても，回答できるのが特徴である。試料を比較する回数が多くなるので，異なる試料を味わう前には蒸留水でよく口をすすぐ。

　n人のパネリストで評価を行い，a人が異なる1つを正しく選択し，$n-a$人が間違った試料を選択したとする。正しい試料が選ばれる確率は1/3でありn人中何人が選ぶかは2項分布に従うので，評価データが得られたら以下のエクセル関数に当てはめ確率pを求める。

　　　$p = 1 - \text{BINOM.DIST}$（正しい試料を選んだ人数 -1，パネリスト数，選ばれる確率，TRUE）

〔混合液の識別テスト〕

[試　料]　グラニュー糖と食塩の混合液AとAにごく少量のクエン酸を加えた混合液B（味の抑制効果で調製した試料 p.121）をそれぞれ3種の乱数字のついた試飲カップに分注し，AABまたはABBのいずれかの組合せから異なる1つのものを選ぶ。

[パネル]　味覚感度について訓練していない36名

[結　果]　正解した人　20名

[検　定]　$p = 1 - \text{BINOM.DIST}(19, 36, 1/3, \text{TRUE}) = 0.005$

　$p < 0.01$なので，特別に訓練していないパネルでもクエン酸を加えると混合液の質は有意に異なることがわかった。3点試験法の検定は，以下の数表で行うこともできる。

表6　3点試験法の検定表

n	5%	1%	0.1%	n	5%	1%	0.1%
3	3	–	–	31	16	18	20
4	4	–	–	32	16	18	20
5	4	5	–	33	17	19	21
6	5	6	–	34	17	19	21
7	5	6	7	35	18	19	22
8	6	7	8	36	18	20	22
9	6	7	8	37	18	20	22
10	7	8	9	38	19	21	23
				39	19	21	23
11	7	8	10	40	19	21	24
12	8	9	10				
13	8	9	11	41	20	22	24
14	9	10	11	42	20	22	25
15	9	10	12	43	21	23	25
16	10	11	12	44	21	23	25
17	10	11	13	45	22	24	26
18	10	12	13	46	22	24	26
19	11	12	14	47	23	24	27
20	11	13	14	48	23	25	27
				49	23	25	28
21	12	13	15	50	24	26	28
22	12	14	15				
23	13	14	16	60	28	30	33
24	13	14	16	70	32	34	37
25	13	15	17	80	35	38	41
26	14	15	17	90	39	42	45
27	14	16	18	100	43	46	49
28	15	16	18				
29	15	17	19				
30	16	17	19				

繰り返し数（または，パネル数）がnのとき，正解数が表中の値以上ならば有意

実験3　順位法

　順位法は試料の数が3つ以上の場合，差の程度はわからなくても，ある官能特性の強い順，あるいは，好ましい順を評価する。

　パネリスト間で順位のつけ方がどのくらい一致しているかという観点から検定が行われるが，どの試料とどの試料の間に統計的に有意な差があるかを知りたい場合は，フリードマンの検定を行う。

■フリードマンの検定

〔温度による甘味の強さ〕

試料	味の感じ方と温度(p.118)で使用した温度の異なるグラニュー糖溶液4種
パネル	20名
方法	甘味の強い順に1から4の数値を入れる。同順位はなしとする。
結果	以下の通りとなった。

官能特性の強い順と評価

評価者ID	甘味の強い順				評価者ID	甘味の強い順			
	5℃	室温	36℃	60℃		5℃	室温	36℃	60℃
ID 1	4	3	1	2	ID 11	3	2	1	4
ID 2	3	1	2	4	ID 12	4	1	3	2
ID 3	4	2	1	3	ID 13	4	3	1	2
ID 4	4	1	2	3	ID 14	4	2	1	3
ID 5	4	1	3	2	ID 15	4	3	1	2
ID 6	2	3	1	4	ID 16	4	3	1	2
ID 7	1	2	3	4	ID 17	4	2	1	3
ID 8	3	2	1	4	ID 18	3	1	2	4
ID 9	4	1	2	3	ID 19	4	2	1	3
ID 10	4	2	3	1	ID 20	4	3	1	2
					順位合計	R_1 71	R_2 40	R_3 32	R_4 57

試料ごとに順位合計 $R_1 \sim R_4$ を求める。

　以下の式で F_{test} の値を求め，F_{test} 値がISO 8587の表7の値以上なら有意差あり。

$$F_{test} = \frac{12}{n \cdot k(k+1)}(R_1{}^2 + R_2{}^2 + R_3{}^2 + R_4{}^2) - 3n(k+1) \qquad n：パネリスト数，k：試料数$$

本事例では，F_{test} 値は30.87となり，表7から読みとった7.74以上なので有意差あり。

表7　有意確率5%のときの F_{test} の境界値　　　（ISO 8587 より抜粋）

パネリスト数	試料数　k				
n	3	4	5	6	7
7	7.14	7.80	9.11	10.62	12.07
8	6.25	7.65	9.19	10.68	12.14
9	6.22	7.66	9.22	10.73	12.19
10	6.20	7.67	9.25	10.76	12.23
11	6.55	7.68	9.27	10.79	12.27
12	6.16	7.70	9.29	10.81	12.29
13	6.00	7.70	9.30	10.83	12.37
14	6.14	7.71	9.32	10.85	12.34
15	6.40	7.72	9.33	10.87	12.35
16	5.99	7.73	9.34	10.88	12.37
17	5.99	7.73	9.34	10.89	12.38
18	5.99	7.73	9.36	10.90	12.39
19	5.99	7.74	9.36	10.91	12.40
20	5.99	(7.74)	9.37	10.92	12.41
∞	5.99	7.81	9.49	11.07	12.59

　　試料間の有意差は，2つの試料の順位合計の差の絶対値が LSD 値以上かどうかで検定する。LSD 値は有意確率5%での $Z = 1.96$ では16となる。

$$\text{LSD} = Z\sqrt{\frac{n \cdot k(k+1)}{6}}$$　　　n：パネリスト数，k：試料数

$$\text{LSD} = 1.96\sqrt{\frac{20 * 4(4+1)}{6}} = 16$$

例では，　　$\mid R_1 - R_2 \mid = \mid 71 - 40 \mid = 31$　　　　$\mid R_2 - R_3 \mid = \mid 40 - 32 \mid = 8$

　　　　　　$\mid R_1 - R_3 \mid = \mid 71 - 32 \mid = 39$　　　　$\mid R_2 - R_4 \mid = \mid 40 - 57 \mid = 17$

　　　　　　$\mid R_1 - R_4 \mid = \mid 71 - 57 \mid = 14$　　　　$\mid R_3 - R_4 \mid = \mid 32 - 57 \mid = 25$

　R_1（5℃）と R_2（室温），R_1 と R_3（36℃），R_2 と R_4（60℃），R_3 と R_4 で有意差あり。

本結果より，グラニュー糖溶液の甘味の感じ方は温度によって有意に異なる。体温付近（36℃）か5℃，60℃提示に比べ甘味を強く感じるが，室温提示とは差はみられなかった，と考察する。

　順位法は比較評価なので，わずかな差が識別されやすくパネリストが評価に慣れていなくても行いやすい。

実験4　一対比較法

　同時に提示された試料AとBを味わい，ある官能特性について強さや好ましさの程度を比較する方法である。試料がA，B，Cの3種類の場合は，AとB，BとC，CとAの3組を評価する。試料がk種類の場合は，$k \times (k-1)/2$組と評価数が多くなる。先に味わう試料と後に味わう試料を入れ替えた試食順序を考慮すると評価数は一人につき$k \times (k-1)$回となる。比較評価なので，試料間のわずかな差についても精度高く検出できるという利点がある。データの取得方法と解析方法は3通りある。

① 　すべての組合せを評価した場合，シェッフェの一対比較法に従い分散分析を行い，主効果（試料間の差），組合せ効果，順序効果を検定する。

② 　すべての組合せを評価するには負担が大きいので，一つの試料をコントロール（対象群）とみなし，コントロールとA，コントロールとB，コントロールとC，コントロールとD，……のように比較し，コントロールと試料との間で平均値の差の検定（分散が等しいことが満たされていないのでウェルチの検定）を行う。

③ 　②と同様にコントロールとする試料を決め，すべての試料をコントロールとの比較で強さや好ましさの程度を回答してもらう。この中に同一試料を2つ提示しコントロールとブラインドコントロールとを比較してもらう条件を加える。ブラインドコントロールを含めたすべての試料の評価データを評点法（p.139, 151）のように扱い，分散分析を行うことができる（ISO 13299）。

　　以下①の方法について，従来法と回帰分析を用いる方法を説明する。

■シェッフェの一対比較法の解析（従来法）

〔3種のだし試料のうま味の強さ〕

[試　料]　味の相乗効果（p.122）実験で調製した3種のだし（A：昆布だし，B：かつおだし，C：混合だし）をAとB，BとC，CとAで組合せて提示

[パネル]　15名。試食順序A→B，B→C，C→A，B→A，C→B，A→Cすべてについて5段階尺度（前に飲んだものは後に飲んだものと比べ，−2：弱い，−1：やや弱い，0：同じ，＋1：やや強い，＋2強い）で比較評価した。6回の評価はランダムに行った。

[結　果]　以下の通りとなった。

5段階尺度で比較評価まとめ

試食順序	評点の度数（人数）					評点合計[①]	①の2乗
	−2	−1	0	+1	+2		
A→B	2	8	3	2	0	−10	100
B→A	0	1	8	6	0	5	25
B→C	3	3	6	3	0	−6	36
C→B	0	0	2	8	5	18	324

(前表のつづき)

試食順序	評点の度数（人数）					評点合計 [①]	①の2乗
	− 2	− 1	0	+ 1	+ 2		
C → A	0	1	1	7	6	18	324
A → C	4	8	2	1	0	− 15	225
計	9	21	22	27	11	4	1034[②]

それぞれ評点の合計①を求め，①を2乗する。2乗した数値を合計する[②]。

試料A, B, Cの推定平均を算出するための表

先＼後	①の値を記入する			計[③]	③−④[⑤]	⑤の2乗
	A	B	C			
A		− 10	− 15	− 25	− 25 − 23 = − 48	2304
B	5		− 6	− 1	− 1 − 8 = − 9	81
C	18	18		36	36 − (− 21) = 57	3249
計[④]	23	8	− 21	10	− 46 + (− 9) + 57 = 0	5634[⑥]

各試料のうま味の強さ推定平均は，⑤$/2kn$（k：試料数，n パネリスト数）で求める。

試料A：− 48/90 ≒ − 0.53

試料B：− 9/90 = − 0.1

試料C：57/90 ≒ 0.63

平方和（S_{main}）は ⑥$/2kn$ で求める。 $S_{\text{main}} = 5634/90 = 62.60$ 総平方和（S_{total}）は，− 2，+ 2をつけた人数，− 1，+ 1をつけた人数に2^2, 1^2 をそれぞれ掛けて求める。

$S_{\text{total}} = 2^2(9 + 11) + 1^2(21 + 27) = 80 + 48 = 128$

誤差の平方和（S_{err}）は，②をnで割った値をS_{total}から引いて求める。

$S_{\text{err}} = 128 − 1034/15 = 128 − 68.93 = 59.07$

組合せ効果をみるための表

先＼後	①の値を記入する			後−先[⑦]			⑦の2乗[⑧]		
	A	B	C	A	B	C	A	B	C
A		− 10	− 15		− 15	− 33		225	1089
B	5		− 6			− 24			576
C	18	18							
計[④]	23	8	− 21				⑧の合計1890		

組合せ効果の推定値は，⑦$/2n$ から組合せた試料の推定平均の差を引いて求める。推定平均の差は，試料AとBなら，− 0.53 − (− 0.1) = − 0.43 となる。

組合せ効果の平方和（S_{com}）は，⑧の合計$/2n − S_{\text{main}}$ で求める。

$S_{\text{com}} = 1890/30 − 62.6 = 0.4$

順序効果をみるための表

先＼後	①の値を記入する			後＋先［⑨］			⑨の2乗［⑩］		
	A	B	C	A	B	C	A	B	C
A		− 10	− 15		− 5	3		25	9
B	5		− 6			12			144
C	18	18							
計［④］	23	8	− 21				⑩の合計178		

順序効果の平方和(S_{ord})は，⑩の合計$/2n$　で求める。

$S_{ord} = 178/90 \fallingdotseq 1.98$

自由度を以下のように求める。

$S_{main} = k - 1 = 2$, $S_{com} = (k-1)(k-2)/2 = 1$, $S_{ord} = k(k-1)/2 = 3$, $S_{err} = k(k-1)(n-1) = 84$

$S_{total} = k(k-1)n = 90$

分散分析表を作成

要　因	平方和(S)		自由度(df)	不偏分散(V)	F　値
主効果	S_{main}	62.60	2	31.30	44.71
組合せ効果	S_{com}	0.40	1	0.40	0.57
順序効果	S_{ord}	1.98	3	0.66	0.94
誤差	S_{err}	59.07	84	0.70	
総平方和	S_{total}	128.00	90		

不偏分散(V)は平方和(S)を自由度(df)で割って求める。F値は不偏分散(V)を誤差の不偏分散で割って求める。それぞれのF値に有意差があるかどうか，エクセル関数でp値を求める。

$p = F.DIST(F$値，検定したい効果の自由度，誤差の自由度，$FALSE)$

主効果：$p = F.DIST(44.71, 2, 84, FALSE) = 0.000$

組合せ効果：$p = F.DIST(0.57, 1, 84, FALSE) = 0.395$

順序効果：$p = F.DIST(0.94, 3, 84, FALSE) = 0.482$

試料間のうま味の強さ（主効果）には有意差あり（$p < 0.05$）。組合せ効果，順序効果には有意差なし。

分散分析で有意差のみられた主効果の，どの試料とどの試料の間で有意な差があるかは多重比較を行う。試料間のうま味の強さ推定平均の差が，ヤードスティックY_ϕ値より大きい差かどうかで判定する。Y_ϕ値はスチューデント化した範囲の表(p.155)からq_ϕを読み取り，以下の式により求める。

$$Y_\phi = q_\phi \sqrt{\frac{\sigma^2}{nk}}$$　σ^2は誤差の不偏分散

スチューデント化した範囲の表には，試料数3，誤差の自由度84がないので，60で代用すると5%有意水準 $q_{\phi 0.05}$ は3.40，10%有意水準 $q_{\phi 0.01}$ は4.28となる。

$$Y_{\phi 0.05} = 3.40 * \mathrm{SQRT}(0.70/(15*3)) = 0.42$$
$$Y_{\phi 0.01} = 4.28 * \mathrm{SQRT}(0.70/(15*3)) = 0.53$$

　例では，試料AとBのうま味の強さは5%有意差があり，試料Bが強いとされた。試料AとC，試料BとCのうま味の強さは1%有意差があり，どちらも試料Cが強いとされた。

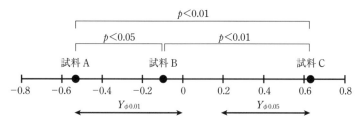

シェッフェの一対比較法によるだし試料のうま味の強さ推定値

■シェッフェの一対比較法（回帰分析を用いる方法）

〔例〕従来法の結果から試料AとBの組合せのデータのみ抜粋すると以下の表になる。

　B→Aで試食した試料Bの評点に－1をかけると，試料Aの評点に変換されるので，試料Aの評点と試料Bの評点(0)とを用い，エクセル関数で平均値の差の検定（t 検定）を行う。

AとBの一対比較法のデータ（例）

A→B		B→A		A→B	
試料A	試料B	試料A	試料B	試料A	試料B
－2	0	0	－1	1	0
－2	0	0	0	0	0
－1	0	0	0	0	0
－1	0	0	0	0	0
－1	0	0	0	0	0
－1	0	0	0	0	0
－1	0	0	0	0	0
－1	0	0	0	0	0
－1	0	0	0	0	0
－1	0	0	1	－1	0
0	0	0	1	－1	0
0	0	0	1	－1	0
0	0	0	1	－1	0
1	0	0	1	－1	0
1	0	0	1	－1	0

試料Bを0としたときの
Aの値

試料Aを0としたときの
Bの評点

試料Bを0としたときの
Aの評点に変換

　p = TTEST（試料Aの評点範囲，試料Bの評点範囲，検定の指定，検定の種類）

　ここで検定の指定は，「1」片側検定，「2」両側検定，検定の種類は，「1」対応のある場合，

「2」データの等分散が仮定できる場合，「3」データが非等分散の場合である。

本事例では，試料Bの評点を0と変換したので，試料Aの平均値は−0.5となった。検定の指定を，両側検定，データが非等分散の場合でt検定を行うと，$p=0.001$となり，試料Aと試料Bには有意差があることがわかる。

順序効果も検定したい場合は，ダミー変数1をA→B，−1をB→Aの試食順序にあてはめ下の表を作成し，エクセルのアドイン「データ分析」で回帰分析を行う。

回帰分析結果

試食順序	ダミー変数	y(官能評価スコア)
A→B	1	−2
	1	−2
	1	−1
	1	−1
	1	−1
	1	−1
	1	−1
	1	−1
	1	−1
	1	−1
	1	0
	1	0
	1	0
	1	1
	1	1
B→A	−1	−1
	−1	0
	−1	0
	−1	0
	−1	0
	−1	0
	−1	0
	−1	0
	−1	0
	−1	1
	−1	1
	−1	1
	−1	1
	−1	1
	−1	1

分散分析表

	自由度	変 動	分 散	観測された分散比	p 値
回帰	1	9.310345	9.310345	12.6	0.001385
残差	28	20.68966	0.738916		
合計	29	30			

	係 数	標準誤差	t	p 値	下限95%	上限95%
切 片	−0.10345	0.159624	−0.64807	0.522216	−0.43042	0.223527
y(官能評価スコア)	−0.62069	0.17486	−3.54965	0.001385	−0.97887	−0.26251

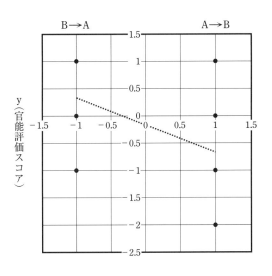

y(官能評価スコア)の係数が試料Aと試料Bの評点の差の大きさ推定値，切片の係数が順序効果の大きさの推定値であり，それぞれのp値より，本事例では，試料間に有意差あり($p<0.01$)，順序効果に有意差はない($p=0.522$)ことがわかる。

実験5　評点法

評点法は試料に感じた官能特性の強さや好ましさを，設問紙に示された評価用語と評価尺度に従い，数値・点数に置き換えて回答する方法である。評価尺度とは，1〜5，−3〜0〜+3などの等間隔な数値と数値に添えられた程度を表す形容表現(やや，かなり，非常になど)により強さや好ましさの程度を示すものである。

評点法は試料の特徴をいくつかの官能特性(例えば，コーンスープの場合，ミルク風味の強さ，コーン風味の強さ，塩味の強さ，とろみの強さ，…)に要素分解して，それぞれの試料のフレーバープロファイルを得るために用いられるので，設問紙には，パネリスト間で合意がとれ，尺度訓練のできた5項目程度の官能特性(評価用語)が並ぶことになる。

収集したデータの解析は，官能特性ごとに行う。評点法のデータの解析は何らかの分布(例えば正規分布やt分布など)に従っていると仮定できた場合，パラメトリックな統計解析(分散分析や平均値の差の検定など)を行い，そうでない場合はノンパラメトリックな解析(クラスカル・ウォリス検定や順位検定など)を行う。パラメトリックな統計解析を行う場合，試料が2種類の場合は，平均値の差の検定(t検定，エクセル関数TTEST)を，試料が3種類以上の場合は分散分析を行う。分散分析は評価した試料の平均値を，バラツキの原因となる要因や誤差を分離し，除いても，試料間の平均値は等しいものではないことを検定する方法である。分散分析では一元配置分散分析と二元配置分散分析がよく使われる。官能評価でバラツキの一番の要因となるのは，パネリストによる評価尺度の用い方の違いである。そこで，すべてのパネリストがすべての試料を評価すれば，主効果(試料間の平均値にある違い)にパネリスト効果を要因に加えて検定することができ，主効果に有意差がみられやすい。どちらの分散分析もエクセルのアドイン「データ分析」の分析ツールで行える。

〔例〕混合溶液における甘味の強さ

試料　味の抑制効果(p.121)で用いたグラニュー糖と食塩の混合溶液(試料A)，Aにクエン酸を少量加えた溶液(試料B)。さらにAにクエン酸を多量に加えた溶液，例えばクエン酸0.05g(試料C)を調製し，調べたい試料を3種とする。

パネル　官能評価に熟練した①12名，②4名

方法　①　12名が試料いずれか1種を味わい，甘味の強さを0〜10点で評価する。

　②　4名が一人ずつ3種すべての試料を順に味わい，甘味の強さを0〜10点でそれぞれ評価する。このとき試料どうしは比較しない。

　　ただし，評点の基準は，0点：甘味なし，5点：5%グラニュー糖溶液と同じくらいの甘味の強さ，10点：10%グラニュー糖溶液と同じくらいの甘味の強さとする。

結　果

① 12名のパネリストが各試料4名ずつ甘味の強さを評価した結果は以下の通り。

ID	試料	評点
1	A	10
2	A	9
3	A	4
4	A	7
5	B	5
6	B	4
7	B	2
8	B	3
9	C	9
10	C	5
11	C	3
12	C	5

② 3種すべてを評価した4名の結果は以下の通りとする。

	試料A	試料B	試料C
ID1	10	5	9
ID2	9	4	5
ID3	4	2	3
ID4	7	3	5

解　析

①はエクセルのアドイン「データ分析」の分析ツールを用い，「分散分析：一元配置」を行う。結果が得られる。試料間の平均に有意差なし。

分散分析：一元配置						
概要						
グループ	標本数	合　計	平　均	分　散		
試料A	4	30	7.5	7		
試料B	4	14	3.5	1.66667		
試料C	4	22	5.5	6.33333		
分散分析表						
変動要因	変　動	自由度	分　散	観測された分散比	p 値	F 境界値
グループ間	32	2	16	3.2	0.08918	4.25649
グループ内	45	9	5			
合　計	77	11				

ここでは，変動は平方和(Sum of squares)，分散は平均平方(Mean square)，観測された分散比はF比(グループ間の分散がグループ内の分散の何倍か)を意味する。

分散分析の結果は一般に，F(分子の自由度，分母の自由度)＝観測された分散比，p値　で示すので，

$$F_{(2,9)} = 3.2, \quad p = 0.089 \quad \text{となり，有意差はない。}$$

② もエクセルアドイン「データ分析」の分析ツールを用い，「分散分析：繰り返しのない二元配置」を行う。結果が以下のように得られる。

分散分析：繰り返しのない二元配置

概　要	標本数	合　計	平　均	分　散
ID 1	3	24	8	7
ID 2	3	18	6	7
ID 3	3	9	3	1
ID 4	3	15	5	4
試料 A	4	30	7.5	7
試料 B	4	14	3.5	1.66667
試料 C	4	22	5.5	6.33333

分散分析表

変動要因	変　動	自由度	分　散	観測された分散比	p 値	F 境界値
行	39	3	13	13	0.00492	4.75706
列	32	2	16	16	0.00394	5.14325
誤差	6	6	1			
合計	77	11				

二元配置分散分析表の変動要因の行はパネリスト効果，列は試料の差(主効果)を示している。結果は，主効果　$F_{(2,6)} = 16$, $p = 0.00394$　で有意差ありとなる。

ここでは，パネリスト効果も$p = 0.00492$で有意差ありとなっている。これは4名のパネリストがつけた評点の平均値が高い人と低い人がいたことを示している。人によって試料への評価が異なっていたかは，この結果だけではわからず，一人に同じ試料を複数回繰り返し評価してもらえれば，「交互作用(人によって試料に対する評価が入れ違うこと)」を加えた，繰り返しのある二元配置分散分析で解析することができる。

なお，この例の方法①と②の結果は，一元配置分散分析と二元配置分散分析の結果を比較するために，あえて同じ数値データを使用している。入力するデータが同じでも，一元配置分散分析では有意差なしであるが，一人のパネリストにすべての試料を評価してもらえば二元配置分散分析を用いることができるので，試料間に有意差がみられた。

分散分析はどの試料とどの試料の間に有意差があるかは検定できない。そこで分散分析で有意差ありの場合，試料間で多重比較を行う。試料間に差があるか知りたいとき，よく訓練されたパネルで客観的官能評価を行った場合は，分散分析を行わず，多重比較のみで検定することもできる。

　多重比較には，フィッシャーの LSD（Fisher's Least Significant difference）法，テューキーの HSD（Tukey's Honestly Significant difference）法，ボンフェローニ（Bonferroni）法，ダネット（Dunnett）法などがあり，フィッシャーの LSD 法は試料が3つの場合のみ使える。ボンフェローニ法は，試料が5つ以上あると有意差がでにくい，ダネット法はコントロール（対照群）との比較で検定する。テューキーの HSD 法が最も一般的である。

　以下，テューキーの HSD 法をエクセルで行う方法を示す。

① 試料 A，B，C の平均を求める。エクセルでは，平均値 = AVERAGE（範囲）
② それぞれの分散を求める。分散 = VAR（範囲）
③ 分散の平均値を求める。
④ 比較する試料の平均値の差の絶対値を，③をパネリスト数で割った値の平方根で割りテューキー値を求める。

　　テューキー値 = ABS（試料 A の平均値 − 試料 B の平均値）/SQRT（分散の平均値/パネリスト数）

　　試料 A と試料 B を比較する際のテューキー値は，ABS（7.8 − 3.3）/SQRT（3.14/4）= 5.08 となる。

⑤ スチューデント化した範囲の表（https://imnstir.blogspot.com/2012/06/blog-post.html）から関係する数値を読みとる。表中の群の数は試料数，v はパネリスト数なので，列3と行4の交わる表の値は，5%有意水準では5.04，1%有意水準では8.12とわかる。

　④で求めたテューキー値が5.04より大きければ試料 A と B の間に有意差あり（$p > 0.05$）。

	試料 A	試料 B	試料 C	
ID 1	10	4	9	
ID 2	9	4	5	
ID 3	5	2	6	
ID 4	7	3	5	
平均	7.8	3.3	6.3 ①	
分散	4.9	0.9	3.6 ②	3.14 ③
組合せ	Tukey 値	検定		
A − B	5.08 ④	*		
A − C	1.69	n.s.		
B − C	3.39	n.s.		5.04 ⑤

ステューデント化した範囲の表

	群の数								$\alpha=0.05$
v	2	3	4	5	6	7	8	9	10
1	17.97	26.98	32.82	37.08	40.41	43.12	45.40	47.36	49.07
2	6.08	8.33	9.80	10.88	11.74	12.44	13.03	13.54	13.99
3	4.50	5.91	6.82	7.50	8.04	8.48	8.85	9.18	9.46
4	3.93	5.04	5.76	6.29	6.71	7.05	7.35	7.60	7.83
5	3.64	4.60	5.22	5.67	6.03	6.33	6.58	6.80	6.99
6	3.46	4.34	4.90	5.30	5.63	5.90	6.12	6.32	6.49
7	3.34	4.16	4.68	5.06	5.36	5.61	5.82	6.00	6.16
8	3.26	4.04	4.53	4.89	5.17	5.40	5.60	5.77	5.92
9	3.20	3.95	4.41	4.76	5.02	5.24	5.43	5.59	5.74
10	3.15	3.88	4.33	4.65	4.91	5.12	5.30	5.46	5.60
11	3.11	3.82	4.26	4.57	4.82	5.03	5.20	5.35	5.49
12	3.08	3.77	4.20	4.51	4.75	4.95	5.12	5.27	5.39
13	3.06	3.73	4.15	4.45	4.69	4.88	5.05	5.19	5.32
14	3.03	3.70	4.11	4.41	4.64	4.83	4.99	5.13	5.25
15	3.01	3.67	4.08	4.37	4.59	4.78	4.94	5.08	5.20
16	3.00	3.65	4.05	4.33	4.56	4.74	4.90	5.03	5.15
17	2.98	3.63	4.02	4.30	4.52	4.70	4.86	4.99	5.11
18	2.97	3.61	4.00	4.28	4.49	4.67	4.82	4.96	5.07
19	2.96	3.59	3.98	4.25	4.47	4.65	4.79	4.92	5.04
20	2.95	3.58	3.96	4.23	4.45	4.62	4.77	4.90	5.01
24	2.92	3.53	3.90	4.17	4.37	4.54	4.68	4.81	4.92
30	2.89	3.49	3.85	4.10	4.30	4.46	4.60	4.72	4.82
40	2.86	3.44	3.79	4.04	4.23	4.39	4.52	4.63	4.73
60	2.83	3.40	3.74	3.98	4.16	4.31	4.44	4.55	4.65
120	2.80	3.36	3.68	3.92	4.10	4.24	4.36	4.47	4.56
∞	2.77	3.31	3.63	3.86	4.03	4.17	4.29	4.39	4.47

	群の数								$\alpha=0.01$
v	2	3	4	5	6	7	8	9	10
1	90.03	135.00	164.30	185.60	202.20	215.80	227.20	237.00	245.60
2	14.04	19.02	22.29	24.72	26.63	28.20	29.53	30.68	31.69
3	8.26	10.62	12.17	13.33	14.24	15.00	15.64	16.20	16.69
4	6.51	8.12	9.17	9.96	10.58	11.10	11.55	11.93	12.27
5	5.70	6.98	7.80	8.42	8.91	9.32	9.67	9.97	10.24
6	5.24	6.33	7.03	7.56	7.97	8.32	8.61	8.87	9.10
7	4.95	5.92	6.54	7.01	7.37	7.68	7.94	8.17	8.37
8	4.75	5.64	6.20	6.62	6.96	7.24	7.47	7.68	7.86
9	4.60	5.43	5.96	6.35	6.66	6.91	7.13	7.33	7.49
10	4.48	5.27	5.77	6.14	6.43	6.67	6.87	7.05	7.21
11	4.39	5.15	5.62	5.97	6.25	6.48	6.67	6.84	6.99
12	4.32	5.05	5.50	5.84	6.10	6.32	6.51	6.67	6.81
13	4.26	4.96	5.40	5.73	5.98	6.19	6.37	6.53	6.67
14	4.21	4.89	5.32	5.63	5.88	6.08	6.26	6.41	6.54
15	4.17	4.84	5.25	5.56	5.80	5.99	6.16	6.31	6.44
16	4.13	4.79	5.19	5.49	5.72	5.92	6.08	6.22	6.35
17	4.10	4.74	5.14	5.43	5.66	5.85	6.01	6.15	6.27
18	4.07	4.70	5.09	5.38	5.60	5.79	5.94	6.08	6.20
19	4.05	4.67	5.05	5.33	5.55	5.73	5.89	6.02	6.14
20	4.02	4.64	5.02	5.29	5.51	5.69	5.84	5.97	6.09
24	3.96	4.55	4.91	5.17	5.37	5.54	5.69	5.81	5.92
30	3.89	4.45	4.80	5.05	5.24	5.40	5.54	5.65	5.76
40	3.82	4.37	4.70	4.93	5.11	5.26	5.39	5.50	5.60
60	3.76	4.28	4.59	4.82	4.99	5.13	5.25	5.36	5.45
120	3.70	4.20	4.50	4.71	4.87	5.01	5.12	5.21	5.30
∞	3.64	4.12	4.40	4.60	4.76	4.88	4.99	5.08	5.16

　上の事例では試料AとBのテューキー値は5.08，AとCのテューキー値は1.69，BとCのテューキー値は3.39であり，試料AとBのみ5%有意差あり，試料Aの方がBに比べ有意に甘味が強いと考察することができる。

実験6 セマンティック・ディファレンシャル(SD)法

　SD法は心理学の分野で生まれた手法で，試料間の官能特性に統計的な差があるかどうかを知るというよりも，試料がどのような特徴でまとめられるかを把握するのに適している。パネルも訓練されている必要はないので，対象集団の素直な反応を得たい，主観的官能評価に用いる。評点法と同じように，試料を1つずつ提示し，評価用語と数段階から成る評価尺度に回答してもらうが，評価用語が「明るい－暗い」「かろやかな－重々しい」などの情緒的な形容詞対であることが特徴である。データは平均値を折れ線グラフに表す。発展として，因子分析により意味空間を作成することができる。

〔例〕プリンのみた目の印象評価

[試料]　背景色を6色に画像処理した市販プリンの写真6種

[パネル]　大学生46名

[方法]　7個の評価用語対に，それぞれの尺度である「非常に」，「かなり」，「やや」，「どちらともいえない」…のどれに当てはまるかを回答する。

[結果]　「非常に」，「かなり」，「やや」…などの7段階尺度を－3～＋3点とし，46名の平均値を求めて折れ線グラフを作成した。

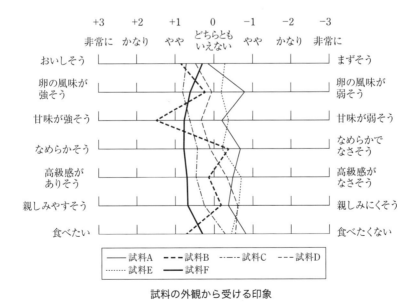

試料の外観から受ける印象

索　引

執筆者紹介

編著者

今井　悦子（いまい　えつこ）
　　聖徳大学人間栄養学部教授　博士（学術）
　　　　　　主要図書：「流れと要点がわかる　調理学実習」光生館
　　　　　　　　　　　「調理学」東京化学同人
　　　　　　　　　　　改訂新版「−食べ物と健康−食材と調理の科学」アイ・ケイコーポレーション

柳沢　幸江（やなぎさわ　ゆきえ）
　　和洋女子大学家政学部教授　博士（栄養学）
　　　　　　主要図書：育てよう「かむ力」少年写真新聞社
　　　　　　　　　　　「食事・食べ物の基本−健康を支える食事の実践−」医歯薬出版
　　　　　　　　　　　「調理学−健康・栄養・調理−」アイ・ケイコーポレーション

分担執筆者

大石　恭子（おおいし　きょうこ）	和洋女子大学家政学部教授	博士（学術）
大田原　美保（おおたはら　みほ）	大妻女子大学家政学部教授	博士（学術）
笠松　千夏（かさまつ　ちなつ）	お茶の水女子大学 SDGs 推進研究所特任教授	博士（学術）
児玉　ひろみ（こだま　ひろみ）	女子栄養大学短期大学部准教授	修士（栄養学）
西念　幸江（さいねん　さちえ）	東京医療保健大学医療保健学部教授	博士（栄養学）
柴田　圭子（しばた　けいこ）	女子栄養大学調理科学研究室准教授	博士（保健学）
谷澤　容子（たにさわ　ようこ）	甲子園大学栄養学部准教授	博士（学術）
豊満　美峰子（とよみつ　みおこ）	女子栄養大学短期大学部教授	博士（栄養学）
山口　智子（やまぐち　ともこ）	新潟大学教育学部准教授	博士（学術）
米澤　加代（よねざわ　かよ）	東京家政学院大学現代生活学部准教授	博士（農芸化学）
米田　千恵（よねだ　ちえ）	千葉大学教育学部教授	博士（農学）

（五十音順）

新編 調理科学実験

初版発行　2023年 1 月30日
初版 2 刷　2024年 1 月30日

編著者Ⓒ　　今井　悦子

　　　　　　柳沢　幸江

発行者　　森田　富子
発行所　　株式会社　アイ・ケイ コーポレーション
　　　　　　東京都葛飾区西新小岩4-37-16
　　　　　　メゾンドールI&K／〒124-0025
　　　　　　TEL 03-5654-3722, 3 番
　　　　　　FAX 03-5654-3720番

表紙デザイン　㈱エナグ　渡部晶子
組版　㈲ぷりんてぃあ第二／印刷所　㈱エーヴィスシステムズ

ISBN978-4-87492-385-6 C3077